工程施工与质量简明手册丛书

海绵城市

李娟娟　汤　伟　王云江 ◎ 主编

中国建材工业出版社

图书在版编目（CIP）数据

海绵城市 / 李娟娟，汤伟，王云江主编. --北京：中国建材工业出版社，2020.7
（工程施工与质量简明手册丛书）
ISBN 978-7-5160-2938-1

Ⅰ．①海… Ⅱ．①李… ②汤… ③王… Ⅲ．①道路施工-技术手册 Ⅳ．①U415-62

中国版本图书馆CIP数据核字（2020）第097737号

海绵城市
Haimian Chengshi

李娟娟　汤伟　王云江　主编

出版发行：中国建材工业出版社
地　　址：北京市海淀区三里河路1号
邮　　编：100044
经　　销：全国各地新华书店
印　　刷：北京雁林吉兆印刷有限公司
开　　本：787mm×1092mm　1/32
印　　张：3.5
字　　数：80千字
版　　次：2020年7月第1版
印　　次：2020年7月第1次
定　　价：32.00元

本社网址：**www. jccbs. com**，微信公众号：**zgjcgycbs**
请选用正版图书，采购、销售盗版图书属违法行为
版权专有，盗版必究。 本社法律顾问：北京天驰君泰律师事务所，张杰律师
举报信箱：zhangjie@tiantailaw.com　　举报电话：（010）68343948
本书如有印装质量问题，由我社市场营销部负责调换，联系电话：（010）88386906

内 容 简 介

本书依据现行国家标准、行业标准和规范编写,全书结构体系完整,内容简明、重点突出,充分体现科学性、实用性和可操作性,具有较强的指导作用和实用价值。本书包括渗透技术、储存技术、调节技术、转输技术、截污净化技术5部分内容。

本书可作为海绵城市工程施工人员的学习参考用书,也可供高等院校相关专业师生阅读。

《工程施工与质量简明手册丛书》编写委员会

主　　任：王云江
副 主 任：吴光洪　　韩毅敏　　吕明华　　史文杰
　　　　　毛建光　　姚建顺　　楼忠良　　陈维华
编　　委：马晓华　　王剑锋　　王黎明　　王建华
　　　　　汤　伟　　李娟娟　　李新航　　杨小平
　　　　　张文宏　　张海东　　陈　雷　　陈建军
　　　　　林大干　　赵庆礼　　周静增　　郑林祥
　　　　　赵海耀　　侯　赟　　顾　靖　　童朝宝
　　　　　　　　　（编委按姓氏笔画排序）

《工程施工与质量简明手册丛书——海绵城市》
编 委 会

主　　编：李娟娟　汤　伟　王云江
副 主 编：张国伟　吴坤林　刘　柳　濮文彬
　　　　　孙　宇　吴钢伟
参　　编：万里达　王叶江　王远毅　朱叶儿
　　　　　张华强　赵向楠　胡东升　符程俊
　　　　　黄佐之　葛海波　谢元鹏　傅法祥
　　　　　（编委按姓氏笔画排序）

主编单位：杭州市建设工程质量安全监督总站
参编单位：杭州西景市政建设有限公司
　　　　　杭州萧宏建设环境集团有限公司
　　　　　杭州市路桥集团股份有限公司
　　　　　杭州交通投资建设管理集团有限公司
　　　　　中交第二航务工程局有限公司

前　言

为及时有效地解决建筑施工现场的实际技术问题，我们策划并组织专家编写了"工程施工与质量简明手册丛书"。丛书为系列口袋书，内容简明实用，"身形"小巧，便于携带，可随时查阅，使用方便。

丛书共 16 本，各分册分别为《建筑工程》《安装工程》《装饰工程》《市政工程》《园林工程》《公路工程》《基坑工程》《楼宇智能》《城市轨道交通》《建筑加固》《绿色建筑》《城市轨道交通供电工程》《城市轨道交通弱电工程》《城市管廊》《海绵城市》《管道非开挖（CIPP）工程》。

《海绵城市》依据现行国家和行业施工与质量验收标准、规范，并结合海绵城市各项工程施工、质量与安全实践编写而成，旨在为海绵城市工程施工人员质检人员、安全人员及监理人员提供一本简明实用、方便携带的小型工具书，便于他们在施工现场随时查阅，快速解决实际问题。本书包括渗透技术、储存技术、调节技术、转输技术、截污净化技术 5 部分内容。

对于本书中的疏漏和不当之处，敬请广大读者不吝指正。

编　者
2020.03.01

目 录

1 渗透技术 ······ 1

1.1 透水砖 ······ 1
- 1.1.1 施工要点 ······ 1
- 1.1.2 质量要点 ······ 3
- 1.1.3 质量验收 ······ 4
- 1.1.4 安全与环保措施 ······ 6

1.2 透水水泥混凝土路面 ······ 7
- 1.2.1 施工要点 ······ 7
- 1.2.2 质量要点 ······ 10
- 1.2.3 质量验收 ······ 14
- 1.2.4 安全与环保措施 ······ 19

1.3 透水沥青混凝土路面 ······ 20
- 1.3.1 施工要点 ······ 20
- 1.3.2 质量要点 ······ 22
- 1.3.3 验收要点 ······ 27
- 1.3.4 安全与环保措施 ······ 30

1.4 绿色屋顶 ······ 30
- 1.4.1 施工要点 ······ 30
- 1.4.2 质量要点 ······ 31
- 1.4.3 质量验收 ······ 34
- 1.4.4 安全与环保措施 ······ 35

1.5 下沉式绿地广场 ······ 36
- 1.5.1 施工要点 ······ 37

		1.5.2 质量要点	37
		1.5.3 质量验收	38
		1.5.4 安全与环保措施	40
	1.6	**生物滞留设施**	**41**
		1.6.1 施工要点	42
		1.6.2 质量要点	43
		1.6.3 质量验收	44
		1.6.4 安全与环保措施	45
	1.7	**渗透塘**	**47**
		1.7.1 施工要点	47
		1.7.2 质量要点	47
		1.7.3 质量验收	48
		1.7.4 安全与环保措施	49
	1.8	**渗井**	**51**
		1.8.1 施工要点	51
		1.8.2 质量要点	52
		1.8.3 质量验收	54
		1.8.4 安全与环保措施	54
2	**储存技术**		**57**
	2.1	**湿塘及雨水湿地**	**57**
		2.1.1 施工要点	57
		2.1.2 质量要点	58
		2.1.3 质量验收	59
		2.1.4 安全与环保措施	61
	2.2	**蓄水池**	**62**
		2.2.1 施工要点	62
		2.2.2 质量要点	63

2.2.3 质量验收 …………………………………… 64
   2.2.4 安全与环保措施 …………………………… 66
 2.3 雨水罐 ………………………………………………… 68
   2.3.1 施工要点 …………………………………… 68
   2.3.2 质量要点 …………………………………… 68
   2.3.3 质量验收 …………………………………… 68
   2.3.4 安全与环保措施 …………………………… 70

3 调节技术 ………………………………………………… 71
 3.1 调节塘 ………………………………………………… 71
   3.1.1 施工要点 …………………………………… 71
   3.1.2 质量要点 …………………………………… 71
   3.1.3 质量验收 …………………………………… 72
   3.1.4 安全与环保措施 …………………………… 74
 3.2 调节池 ………………………………………………… 75
   3.2.1 施工要点 …………………………………… 75
   3.2.2 质量要点 …………………………………… 75
   3.2.3 质量验收 …………………………………… 76
   3.2.4 安全与环保措施 …………………………… 79

4 转输技术 ………………………………………………… 81
 4.1 植草沟 ………………………………………………… 81
   4.1.1 施工要点 …………………………………… 81
   4.1.2 质量要点 …………………………………… 82
   4.1.3 质量验收 …………………………………… 83
   4.1.4 安全与环保措施 …………………………… 84
 4.2 渗管/渠 ………………………………………………… 84
   4.2.1 施工要点 …………………………………… 84

4.2.2 质量要点……………………………………… 85
　　4.2.3 质量验收……………………………………… 86
　　4.2.4 安全与环保措施……………………………… 88
5 截污净化技术……………………………………………… 90
　5.1 植被缓冲带…………………………………………… 90
　　5.1.1 施工要点……………………………………… 90
　　5.1.2 质量要点……………………………………… 91
　　5.1.3 验收要点……………………………………… 91
　　5.1.4 安全与环保措施……………………………… 91
　5.2 初期雨水弃流设施…………………………………… 92
　　5.2.1 施工要点……………………………………… 92
　　5.2.2 质量要点……………………………………… 93
　　5.2.3 验收要点……………………………………… 93
　　5.2.4 安全与环保措施……………………………… 94
　5.3 人工土壤渗滤………………………………………… 94
　　5.3.1 施工要点……………………………………… 94
　　5.3.2 质量要点……………………………………… 95
　　5.3.3 验收要点……………………………………… 95
　　5.3.4 安全与环保措施……………………………… 96

1 渗透技术

1.1 透水砖

1.1.1 施工要点

1. 透水砖路面的施工，应根据当地的水文、地质、气候环境等条件，并结合雨水排放规划和雨洪利用要求，协调相关附属设施。

2. 透水砖路面结构层应由透水砖面层、找平层、基层、垫层组成。

3. 面层施工前应按规定对道路各结构层、排水系统及附属设施进行检查验收，符合要求后方可进行面层施工。

4. 路基、垫层、基层及找平层的施工可按行业标准《城镇道路工程施工与质量验收规范》(CJJ 1—2008)的规定执行，其透水性及有效孔隙率应满足设计要求。

5. 开工前，建设单位应组织设计、勘测单位向监理及施工单位移交现场测量地形、高程控制桩并形成文件。施工单位应结合实际情况，制定施工测量方案，建立测量控制网、线、点。

6. 施工前应根据工程特点编制详细的施工专项方案，并应按行业标准《城镇道路工程施工与质量验收规范》(CJJ 1—2008)的有关规定做准备工作。

7. 透水路面施工前各类地下管线应先行施工完毕，施工中应对既有及新建地上杆线、地下管线等建（构）筑物采取保护措施。

8. 施工中采用的量具、器具应进行校对、标定，并应对进场原材料进行检验。

9. 铺砌应采用干硬性水泥砂浆，虚铺系数应经试验确定。

10. 当在冬期或雨期进行透水砖路面施工时，应结合工程实际情况制定专项施工方案，经批准后实施。

11. 透水砖铺筑时，基准点和基准面应根据平面设计图、工程规模及透水砖规格、块形及尺寸设置。

12. 透水砖的铺筑应从透水砖基准点开始，并以透水砖基准线为基准，按设计图铺筑。铺筑透水砖路面应纵横拉通线铺筑，每3~5m设置一个基准点。

13. 透水砖铺筑过程中，不得直接站在找平层上作业，不得在新铺设的砖面上拌和砂浆或堆放材料。

14. 透水砖铺筑中，应随时检查牢固性与平整度，应及时进行修整，不得采用向砖底部填塞砂浆或支垫等方法进行砖面找平；应采用切割机械切割透水砖。

15. 透水砖完成并检查合格后，应及时灌缝，宜采用中砂灌缝。

16. 人行道、广场等透水砖路面的边缘部位应设有路缘石。

17. 透水砖铺筑完成后，表面敲实，应及时清除砖面上的杂物、碎屑，面砖上不得有残留水泥砂浆。

18. 透水砖施工完成后，必须封闭交通，并应湿润养护，当水泥砂浆达到设计强度后，方可开放交通。

19. 寒冷地区透水砖路面结构层宜设置单一级配碎石垫

层或砂垫层,并应验算防冻厚度。路面最小防冻厚度应根据地区所在自然区划、路基潮湿类型、道路填挖情况、道路宽度、路面材料及基层混合料的物理性能计算确定。

1.1.2 质量要点

1. 透水砖路面应满足荷载、透水、防滑等使用功能及抗冻胀等耐久性要求。

2. 透水砖路面下的土基应具有一定的透水性能,土壤的透水系数应不小于 1.0×10^{-3} mm/s,且土基顶面距离地下水位宜大于1.0m。当土基、土壤透水系数及地下水位高程等条件不满足本要求时,宜增加路面排水设计内容。

3. 结构层强度是保证透水砖路面承载能力的主要指标,包括面层(即透水砖)的抗压和抗折强度、基层的抗压强度及压实度等指标,确定三种基层形式下厚度的技术方法。

4. 透水砖的透水系数应不小于或等于 1.0×10^{-2} cm/s,外观质量、尺寸偏差、力学性能、物理性能等其他要求应符合国家标准《透水路面砖和透水路面板》(GB/T 25993—2010)的规定。

5. 用于铺筑人行道的透水砖其防滑性能(BPN)应不小于60。耐磨性应不大于35mm。使用除冰盐或融雪剂的透水砖路面,应增加抗盐冻性试验:经25次冻融循环,质量损失应不大于 $0.50 kg/m^2$,抗压强度损失应不大于20%。

6. 砌筑砂浆中采用的水泥、砂、水应符合下列规定:

1)宜采用国家标准《通用硅酸盐水泥》(GB 175—2007)中规定的水泥。

2)宜用质地坚硬、干净的粗砂或中砂,含泥量应不小于5%。

3)搅拌用水应符合国家标准《混凝土用水标准》(JGJ

63—2006)的规定。宜使用饮用水及不含油类等杂质的清洁中性水，pH值宜为6~8。

7.路基必须密实、均匀、稳定。土质路基压实度应采用重型击实标准。压实度不应低于90%。参照行业标准《城市道路工程设计规范》（2016年版）（CJJ 37—2012）的规定，土基的最小回弹模量应达到15MPa的规定。因此，透水性人行道的土基在雨水下渗浸泡一段时间后，其回弹模量应不小于15MPa的规定。

8.透水砖路面交付使用后应定期进行养护，保证其正常的透水功能。

1.1.3 质量验收

1.土基、基层等工序应分部、分项工程验收，质量检验和验收标准应符合《透水砖路面技术规程》（CJJ/T 188—2012）及行业标准《城镇道路工程施工与质量验收规范》（CJJ 1—2008）的规定。

2.透水砖路面分部验收时应提供下列资料：

1）工程采用的主要材料、半成品、成品的质量证明文件，透水砖性能检测报告及结构层的配合比报告。

2）施工或试验记录。

3）各检验批的主控项目、一般项目的验收记录。

4）施工质量控制资料。

5）修改设计的技术文件。

6）其他资料。

主控项目

3.透水砖路面质量检验应符合下列规定：

1）透水砖的透水性能、抗滑性、耐磨性、块形、颜色、厚度、强度等应符合设计要求。

检查数量：同一批原材料，同一生产工艺，同标记的 1000m² 透水砖为一检验批，不足 1000m² 的亦按一批计。每验收批试件的主检项目应符合国家标准《透水路面砖和透水路面板》(GB/T 25993—2010) 的规定。

检查方法：检查合格证、出厂检验报告、进场复试报告。

2）结构层的透水性应逐层验收，其性能应符合设计要求。

检查数量：每 500m² 抽测 1 点。

检验方法：按规定进行透水系数检测。

3）透水砖的铺筑形式应符合设计要求。

检查数量：全数检查。

检验方法：观察。

4）砂浆平均抗压强度等级应符合设计规定，任一组试件抗压强度最低值应不低于设计强度的 85%。

检查数量：同一配合比，每 1000m² 为 1 组（6 块），不足 1000m² 取 1 组。

检验方法：查试验报告。

一般项目

4. 应符合下列规定：

1）透水砖铺砌应平整、稳固，不应有污染、空鼓、掉角及断裂等外观缺陷，不得有翘动现象，灌缝应饱满，缝隙一致。

检查数量：全数检查。

检验方法：观察、尺量。

2）透水砖面层与路缘石及其他构筑物应接顺，不得有反坡积水现象。

检查数量：全数检查。

检验方法：观察、尺量。

3）透水砖铺装的允许偏差应符合表 1-1 的规定。

表 1-1　透水砖铺装的允许偏差

序号	项目	允许偏差(mm)	检验频率 范围(m)	检验频率 点数	检验方法
1	表面平整度（mm）	≤5	20	1	用 3m 直尺和塞尺连续量取两次取最大值
2	宽度	不小于设计规定	40	1	用钢尺量
3	相邻块高差（mm）	≤2	20	1	用塞尺量取最大值
4	横坡（％）	±0.3	20	1	用水准仪测量
5	道路中线偏位	≤20	100	1	用经纬仪测量
6	纵缝直顺度（mm）	≤10	40	1	拉 20m 小线量 3 点取最大值
7	横缝直顺度（mm）	≤10	20	1	沿路宽拉小线量 3 点取最大值
8	缝宽（mm）	±2	20	1	用钢尺量 3 点取最大值
9	井框与路面高差（mm）	≤3	每座	1	用塞尺量最大值
10	高层	±20	20m	1	用水准仪测量
11	各结构层厚度（mm）	±10	20m	1	用钢尺量 3 点取最大值

1.1.4　安全与环保措施

1. 施工前应解决水电供应、交通道路、搅拌和堆放场地、工棚和仓库、消防等设施。施工现场应配备防雨、防潮的材料堆放场地，材料应分别按标识堆放，装卸和搬运时不得随意抛掷。

2. 遵守国家及地方关于安全生产的规定，为保证施工现场安全作业，避免发生安全事故。

3. 进入现场人员一律佩戴安全帽，不准穿拖鞋、高跟鞋，不得赤脚作业。

4. 所有机械的操作运转，必须严格遵守相应的安全技术操作规程。

5. 施工用电安全：

1) 现场施工用电线路一律采用绝缘导线。使用时提前认真检查确保电缆无裸露现象。地上线路架空设置，以绝缘固定。

2) 电箱应安装位置适合，安装牢固，进出线整齐，拉线牢固，熔丝不得用金属代替，箱内不得放其他物品，配电箱、电缆线接头、电焊机等必须有防雨措施，认真检查施工现场照明和动力线有无混接、漏电现象，检查电气设备的接零、接地保护措施是否牢靠，漏电保护装置是否灵敏，电线绝缘接地是否良好，防止水浸受潮造成漏电或设备事故。

6. 施工前场地平整，清除障碍物时必须将弃土、弃渣等弃至指定的弃土场内，并在工程完后对弃土场进行挡护、绿化处理。

1.2 透水水泥混凝土路面

1.2.1 施工要点

1. 透水水泥混凝土路面的构造形式，应考虑地质条件、荷载等级、景观要求、环境情况、施工条件等因素。

2. 施工前应查勘施工现场，复核地下隐蔽设施的位置和标高，根据设计文件及施工条件，确定施工方案，编制施工组织设计。

3. 面层施工前应按规定对基层、排水系统进行检查验收，符合要求后方能进行面层施工。

4. 在透水水泥混凝土面层施工前，应对基层做清洁处理，处理后的基层表面应粗糙、清洁、无积水，并应保持一定湿润状态。

5. 施工现场应配备施工所需的辅助设备、辅助材料、施工工具，并应采取安全防护设施。

6. 普通透水水泥混凝土面层施工应符合下列规定：

1）模板应选用质地坚实、变形小、刚度大的材料，模板的高度应与混凝土路面厚度一致。

2）立模的平面位置与高程应符合设计要求，模板与混凝土接触的表面应涂隔离剂。

3）透水水泥混凝土拌和物摊铺前，应对模板的高度、支撑稳定情况等进行全面检查。

7. 透水水泥混凝土拌和物摊铺应均匀，平整度与排水坡度应符合要求，摊铺厚度应考虑松铺系数，其松铺系数宜为 1.1。

8. 透水水泥混凝土宜采用平整压实机，或采用低频平板振动器振动和专用滚压工具滚压。压实时应辅以人工补料及找平，人工找平时施工人员应穿上减压鞋进行操作。

9. 透水水泥混凝土压实后，宜使用抹平机对透水水泥混凝土面层进行收面，必要时应配合人工拍实、整平。整平时必须保持模板顶面整洁，接缝处板面应平整。

10. 模板的拆除，应符合下列规定：

1）拆模时间应根据气温和混凝土强度增长情况确定。

2）拆模不得损坏混凝土路面的边角，应保持透水水泥混凝土块体完好。

11. 当采用彩色透水水泥混凝土双色组合层施工时，上面层应在下面层初凝前进行铺筑。

12. 露骨透水水泥混凝土施工，应与普通透水水泥混凝土施工相同，摊铺平整后的工序应符合下列要求：

1）随时检查施工表面的初凝状况，有初凝现象时可均匀喷洒适量缓凝剂，选用塑料薄膜覆盖等方法养护，并应防止阳光直晒。

2）表层混凝土终凝前应及时采用高压水枪冲洗面层，除去表面的胶凝材料，均匀裸露出天然石材，以颗粒不松动为宜。

3）表层冲洗后应及时去除表面和气隙内的剩余浆料，并应覆盖塑料薄膜进行保湿养护。

13. 路面缩缝切割深度宜为 $(1/2\sim1/3)h_1$；路面胀缝应与路面厚度相同。施工中施工缝可代替缩缝。

14. 施工中的缩缝、胀缝均应嵌入弹性嵌缝材料。

15. 雨天不宜进行基层施工，透水水泥混凝土面层不应在雨天浇筑。雨后摊铺基层时，应先对路基状况进行检查，符合要求后方可摊铺。

16. 当室外日平均气温连续 5d 低于 5℃时，透水水泥混凝土路面不得施工。

17. 透水水泥混凝土路面夏期施工，应符合下列规定：

1）混凝土拌和物浇筑中应尽量缩短运输、摊铺、压实等工序时间，收面后应及时覆盖、洒水养护；

2）当遇阵雨时，应暂停施工并及时采用塑料薄膜对已浇筑混凝土面进行覆盖。

18. 当室外最高气温达到32℃及以上时，不宜施工。

19. 透水水泥混凝土路面施工完毕后，宜采用塑料薄膜覆盖等方法养护。养护时间应根据透水水泥混凝土强度增长情况确定，养护时间不宜少于14d。

20. 养护期间透水水泥混凝土面层不得通车，并应保证覆盖材料的完整。

21. 透水水泥混凝土路面未达到设计强度前不得投入使用。透水水泥混凝土路面的强度，应以透水水泥混凝土试块强度为依据。

22. 冬季透水水泥混凝土路面应采取及时清雪等措施防止路面结冰，不宜机械除冰，并不得撒砂或灰渣。

23. 透水水泥混凝土路面投入使用后，为确保透水水泥混凝土的性能，可使用高压水（5～20MPa）冲刷孔隙洗净堵塞物，或采用压缩空气冲刷孔隙使堵塞物去除，也可使用真空泵将堵塞孔隙的杂物吸出。

24. 透水水泥混凝土路面出现裂缝和集料脱落的面积较大时，必须进行维修。维修时，应先将路面疏松集料铲除，清洗路面去除孔隙内的灰尘及杂物后，方可进行新的透水水泥混凝土铺装。

1.2.2 质量要点

1. 水泥应采用强度等级不低于42.5级的硅酸盐水泥或普通硅酸盐水泥，质量应符合国家标准《通用硅酸盐水泥》（GB 175—2007）的要求。不同强度等级、厂牌、品种、出厂日期的水泥不得混存、混用。

2. 外加剂应符合国家标准《混凝土外加剂》（GB 8076—

2008）的规定。

3. 透水水泥混凝土采用的增强料分为有机材料和无机材料两类，材料技术指标应符合表 1-2 的规定。

表 1-2 增强料的技术指标

聚合物乳液	含固量（%）	延伸率（%）	极限拉伸强度（MPa）
	40～50	≥150	≥1.0
活性 SiO_2	SiO_2 含量应大于 85%		

4. 透水水泥混凝土采用的集料，必须使用质地坚硬、耐久、洁净、密实的碎石料，碎石的性能指标应符合国家标准《建设用卵石、碎石》（GB/T 14685—2011）中的二级要求，并应符合表 1-3 的规定。

表 1-3 集料的性能指标

项目	计量单位	指标		
		1	2	3
尺寸	mm	2.4～4.75	4.75～9.5	9.5～13.2
压碎值	%	<15.0		
针片状颗粒含量（按质量计）	%	<15.0		
含泥量（按质量计）	%	<1.0		
表观密度	kg/m^3	>2500		
紧密堆积密度	kg/m^3	>1350		
堆积孔隙率	%	<47.0		

5. 透水水泥混凝土拌和用水应符合行业标准《混凝土用水标准》（JGJ 63—2006）的规定。

6. 基层材料的要求应符合相关规范的规定。

7. 透水水泥混凝土的性能应符合表 1-4 的规定。

表 1-4 透水水泥混凝土的性能

项目		计量单位	性能要求	
耐磨性（磨坑长度）		mm	≤30	
透水系数（15℃）		mm/s	≥0.5	
抗冻性	25次冻融循环后抗压强度损失率	%	≤20	
	25次冻融循环后质量损失率	%	≤5	
连续孔隙率		%	≥10	
强度等级		—	C20	C30
抗压强度（28d）		MPa	≥20.0	≥30.0
弯拉强度（28d）		MPa	≥2.5	≥3.5

注：耐磨性与抗冻性性能检验可视各地具体情况及设计要求进行。

8. 透水水泥混凝土耐磨性试验应符合国家标准《无机地面材料耐磨性能试验方法》（GB/T 12988—2009）的规定。

9. 透水系数的测试方法应符合《透水水泥混凝土路面技术规程》（CJJ/T 135—2009）附录A的要求。

10. 抗冻性试验应符合现行国家标准《普通混凝土长期性能和耐久性能试验方法标准》（GB/T 50082—2009）的有关规定。

11. 透水水泥混凝土的配制强度，应符合行业标准《普通混凝土配合比设计规程》（JGJ 55—2011）的规定。

12. 透水水泥混凝土路面结构使用寿命应与透水性能有效使用寿命一致。

13. 路基应稳定、均质，并应为路面结构提供均匀的支承。

14. 基层应具有足够的强度和刚度。

15. 透水水泥混凝土路面基层横坡度宜为1%～2%，面层横坡度应与基层横坡度相同。

16. 透水水泥混凝土路面的结构类型应按表 1-5 选用。

表 1-5 透水水泥混凝土路面的结构类型

类别	适用范围	基层与垫层结构
全透水结构	人行道、非机动车道、景观硬地、停车场、广场	多孔隙水泥稳定碎石、级配砂砾、级配碎石及级配砂砾基层
半透水结构	轻型荷载道路	水泥混凝土基层+稳定土基层或石灰、粉煤灰稳定砂砾基层

17. 全透水结构的人行道基层可采用级配砂砾、级配碎石及级配砾石基层，基层厚度应不小于 150mm。

18. 全透水结构的其他道路级配砂砾、级配碎石及级配砾石基层上应增设多孔隙水泥稳定碎石基层，基层应符合下列规定：

1) 多孔隙水泥稳定碎石基层应不小于 200mm。

2) 级配砂砾、级配碎石及级配砾石基层应不小于 150mm。

19. 半透水结构应符合下列要求：

1) 水泥混凝土基层的抗压强度等级应不低于 C20，厚度应不小于 150mm。

2) 稳定土基层或石灰、粉煤灰稳定砂砾基层厚度应不小于 150mm。

20. 当人行道设计采用全透水结构形式时，其透水水泥混凝土面层强度等级应不小于 C20，厚度（h_1）不宜小于 80mm；当其他路面采用全透水水泥混凝土结构形式时，其透水水泥混凝土面层强度等级应不小于 C30，厚度（h_1）不宜小于 180mm；设计半透水结构，其透水水泥混凝土面层强度等级应不小于 C30，厚度（h_1）不宜小于 180mm。

21. 透水水泥混凝土面层结构设计，宜分为单色层或双色组合层设计，当采用双色组合层时，其表面层厚度应不小于 30mm。

22. 透水水泥混凝土面层应设计纵向和横向接缝。纵向接缝的间距应按路面宽度在 3.0~4.5m 范围内确定，横向接缝的间距宜为 4.0~6.0m；广场平面尺寸不宜大于 25m²，面层板的长宽比不宜超过 1.3。当基层有结构缝时，面层缩缝应与其相应结构缝位置一致，缝内应填嵌柔性材料。

23. 当透水水泥混凝土面层施工长度超过 30m 时，应设置胀缝。在透水水泥混凝土面层与侧沟、建筑物、雨水口、铺面的砌块、沥青铺面等其他构造物连接处，应设置胀缝。

24. 全透水结构设计时应考虑路面下的排水，路面下的排水可设排水盲沟，排水盲沟应与道路设计时的市政排水系统相连，雨水口与基层、面层结合处应设置成透水形式，利于基层过量水分向雨水口汇集，雨水口周围应设置宽度不小于 1m 的不透水土工布于路基表面。

25. 设计排水系统时可利用市政排水沟或雨水口，透水水泥混凝土可直接铺设至市政排水沟或雨水口，面积较大的广场宜设置排水盲沟。

1.2.3 质量验收

一般规定

1. 透水水泥混凝土路面施工质量应按下列要求进行验收：

1) 工程施工应符合工程勘察设计文件的要求；工程施工质量应符合《透水水泥混凝土路面技术规程》（CJJ/T 135—2009）和相关专业验收规范的规定。

2）参加工程施工质量验收的各方人员应具备规定的资格。

3）工程质量的验收均应在施工单位自行检查评定合格的基础上进行。

4）隐蔽工程在隐蔽前，应由施工单位通知监理单位和相关单位进行隐蔽验收，确认合格后，应形成隐蔽验收文件。

5）监理单位应按规定对试块、试件和现场检测项目进行平行检测、见证取样检测。

6）检验批的质量应按主控项目和一般项目进行验收。

7）承担复验或检测的单位应为具有相应资质的独立第三方。

8）工程的外观质量应由验收人员通过现场检查共同确认。

2. 施工中应收集下列资料：

1）设计文件和竣工资料；

2）竣工验收报告；

3）试件的试验报告；

4）工程施工和材料检查或材料试验记录；

5）检查记录；

6）工程重大问题处理文件。

3. 当施工中对透水水泥混凝土的质量有怀疑或争议时，应在监理单位或建设单位的见证下，由施工单位组织实施实体检验。实体检验应委托具有相应资质等级的检测机构进行。

4. 当透水水泥混凝土路面施工质量不符合要求时，应按下列规定进行处理：

1）经返工重做的，应重新进行验收。

2）经有资质的检测单位检测鉴定能够达到设计要求的，应予以验收。

3）经有资质的检测单位检测鉴定达不到设计要求，但经原设计单位核算认可能够满足结构安全和使用功能的，可予以验收。

4）经返修或加固处理的部分工程，虽然改变外形尺寸但仍能满足使用要求，可按技术处理方案和协商文件进行验收。

5. 通过返修或加固处理仍不能满足安全使用要求的透水水泥混凝土路面，严禁验收。

主控项目

6. 原材料质量应符合下列要求：

1）水泥品种、级别、质量、包装、储存，应符合国家现行有关标准的规定。

检查数量：按同一生产厂家、同一等级、同一品种、同一批号且连续进场的水泥，袋装水泥不超过200t为一批，散装水泥不超过500t为一批，每批抽样1次。

水泥出厂超过3个月时，应进行复验，复验合格后方可使用。

检验方法：检查产品合格证、出厂检验报告和进场复验报告。

2）混凝土中掺加外加剂的质量应符合国家标准《混凝土外加剂》（GB 8076—2008）和《混凝土外加剂应用技术规范》（GB 50119—2013）的规定。

检查数量：按进场批次和产品抽样检验方法确定。每批不少于1次。

检验方法：检查产品合格证、出厂检验报告和进场复验报告。

3）集料应采用质地坚硬、耐久、洁净的碎石和砾石，并应符合《透水水泥混凝土路面技术规程》（CJJ/T 135—2009）表3.1.4的规定。

检查数量：同产地、同品种、同规格且连续进场的集料，每400m³为一批，不足400m³时按一批计，每批抽检1次。

检验方法：检查试验报告。

7. 透水水泥混凝土路面面层质量除应符合设计要求外，尚应符合下列要求：

1）透水水泥混凝土路面弯拉强度应符合设计规定。

检查数量：每100m³同配合比的透水水泥混凝土，取样1次；不足100m³时按1次计。每次取样应至少留置1组标准养护试件。同条件养护试件的留置组数应根据实际需要确定，最少1组。

检验方法：检查试件弯拉强度试验报告。

2）透水水泥混凝土路面抗压强度应符合设计规定。

检查数量：每100m³同配合比的透水水泥混凝土，取样1次；不足100m³时按1次计。每次取样应至少留置1组标准养护试件。同条件养护试件的留置组数应根据实际需要确定，最少1组。

检验方法：检查试件抗压强度试验报告。

3）透水水泥混凝土路面面层透水系数应达到设计要求。

检查数量：每500m²抽测1组（3块）。

检验方法：检查试验报告。

4）透水水泥混凝土路面面层厚度应符合设计规定，允许误差为±5mm。

检查数量：每500m²抽测1点。

检验方法：钻孔或刨坑，用钢尺量。

一般项目

8.透水水泥混凝土路面面层应板面平整，边角整齐，不应有石子脱落现象。

检查数量：全数检查。

检验方法：观察、量测。

9.路面接缝应垂直、直顺，缝内不应有杂物。

检查数量：全数检查。

检验方法：观察。

10.彩色透水水泥混凝土路面颜色应均匀一致。

检查数量：全数检查。

检验方法：观察。

11.露骨透水水泥混凝土路面表层石子分布应均匀一致，不得有松动现象。

检查数量：全数检查。

检验方法：观察。

12.透水水泥混凝土路面面层的允许偏差应符合表1-6的规定。

表1-6 透水水泥混凝土路面面层的允许偏差

项目	允许偏差(mm)		检验范围		检验点数	检验方法
	道路	广场	道路	广场		
高程（mm）	±15	±10	20m	施工单元[①]	1	用水准仪测量
中线偏位（mm）	≤20	—	100m	—	1	用经纬仪测量

续表

项目		允许偏差（mm）		检验范围		检验点数	检验方法
		道路	广场	道路	广场		
平整度	最大间隙（mm）	≤5	≤7	20m	10m×10m	1	用3m直尺和塞尺连续测量两处，取较大值
宽度（mm）		0～20		40m	40m②	1	用钢尺量
横坡（%）		±0.30%且不反坡		20m		1	用水准仪测量
井框与路面高差（mm）		≤3	≤5	每座		1	十字法，用直尺和塞尺量，取最大值
相邻板高差（mm）		≤5		20m	10m×10m	1	用钢板尺和塞尺量
纵缝直顺度（mm）		≤10		100m	40m×40m	1	用20m线和钢尺量
横缝直顺度（mm）		≤10		40m	40m×40m		

① 在每一单位工程中，以40m×40m定方格网，进行编号，作为量测检查的基本施工单元，不足40m×40m的部分以1个单元计。在基本施工单元中再以10m×10m或20m×20m为子单元，每基本施工单元范围内只抽1个子单元检查；检查方法为随机取样，即基本施工单元在室内确定，子单元在现场确定，量取3点取最大值计为检查频率中的1个点。

② 适用于矩形广场与停车场。

1.2.4 安全与环保措施

1. 遵守国家及地方关于安全生产的规定，为保证施工现场安全作业，避免发生安全事故。

2. 进入现场人员一律佩戴安全帽，不准穿拖鞋、高跟鞋，不得赤脚作业。

3. 所有机械的操作运转，必须严格遵守相应的安全技术操作规程。

4. 施工用电安全：

1）现场施工用电线路一律采用绝缘导线。使用时提前认真检查确保电缆无裸露现象。地上线路架空设置，以绝缘固定。

2）电箱应安装位置适合，安装牢固，进出线整齐，拉线牢固，熔丝不得用金属代替，箱内不得放其他物品，配电箱、电缆线接头、电焊机等必须有防雨措施，认真检查施工现场照明和动力线有无混接、漏电现象，检查电气设备的接零、接地保护措施是否牢靠，漏电保护装置是否灵敏，电线绝缘接地是否良好，防止水浸受潮造成漏电或设备事故。

1.3 透水沥青混凝土路面

1.3.1 施工要点

1. 透水沥青混凝土路面工程开工前，宜铺筑单幅长度为100～200mm的试验路段，进行混合料的试拌、试铺和试压试验，并应据此确定合理的施工工艺。

2. 当遇雨天或气温低于15℃时，不得进行透水沥青路面施工。

3. 高黏度改性沥青存放时应避免离析。

4. 铺筑透水沥青混合料前，应检查下层结构的质量，对透水沥青路面Ⅰ型和Ⅱ型应检查封层质量，同时应对下层结构进行现场渗水试验。

5. 路基施工应做好施工期临时排水方案，临时排水设施应与永久排水设施综合设置，并应与工程影响范围内的排水系统相协调。

6. 路基和基层施工应符合行业标准《城镇道路工程施工与质量验收规范》(CJJ 1—2008)的规定，且渗透系数应符合设计要求。

7. 透水沥青混合料生产温度控制应符合表1-7的规定。烘干集料的残余含水量不得大于1%。

表1-7 透水沥青混合料生产温度控制

混合料生产温度	规定值（℃）	允许偏差（℃）
沥青加热温度	165	±5
集料加热温度	195	±5
混合料出厂温度	180	±5

8. 采用普通沥青或改性沥青的透水沥青混合料，拌和、运输、摊铺过程应按行业标准《城镇道路过程施工与质量验收规范》(CJJ 1—2008)的要求进行。

9. 透水沥青混合料运输过程中，应采取保温措施。运送到摊铺现场的混合料温度应不低于175℃。

10. 透水沥青混合料的摊铺应符合下列规定：

1）应采用沥青摊铺机摊铺。摊铺机受料前，应在料斗内涂刷防粘剂并在施工中经常将两侧板收拢。

2）铺筑透水沥青混合料时，一台摊铺机的铺筑宽度不宜超过6.0（双车道）～7.5m（3车道以上），宜采用两台或多台摊铺机前后错开10～20m成梯队方式同步摊铺。

3）施工前，应提前0.5～1.0h预热摊铺机熨平板，使其温度不宜低于100℃。铺筑过程中，熨平板的振捣或夯锤压实装置应具有适宜的振动频率和振幅。

4）摊铺机应缓慢、均匀、连续不间断地摊铺，不得随意变换速度或中途停顿。摊铺速度宜控制在1.5～

3.0m/min。

5) 透水沥青混合料的摊铺温度应不低于170℃。

6) 透水沥青混合料的松铺系数应通过试验段确定。摊铺过程中应随时检查摊铺层厚度及路拱、横坡。

11. 透水沥青路面压实及成型应符合下列规定：

1) 压实过程中，初压温度应不低于160℃。复压应紧接初压进行，复压温度不应低于130℃。终压温度不宜低于90℃。

2) 压实机械组合方式和压实遍数应根据试验路段确定。

3) 压路机吨位、速度及工艺应符合行业标准《公路沥青路面施工技术规范》(JTG F40—2004) 中对开级配抗滑磨耗层配合比的规定。

12. 透水沥青混合料的接缝及渐变过渡段施工应符合行业标准《公路沥青路面施工技术规范》(JTG F40—2004) 的有关规定。

13. 透水沥青路面与不透水沥青路面衔接处，应做好封水、防水处理。

14. 施工后，当透水沥青路面与表面温度降低到50℃以下后，方可开放交通。

15. 透水沥青路面的养护，应符合行业标准《城镇道路养护技术规范》(CJJ 36—2016) 的规定。

16. 养护时应及时清除表面存在的黏土类抛撒物。宜采用专用透水功能恢复车定期对路面的堵塞物质进行清除。

17. 在冬季，透水沥青路面应及时清除积雪，并应采取防止路面结冰的措施。不宜采用机械除冰，不得撒灰或灰渣。

1.3.2 质量要点

1. 施工前进场的材料应符合行业标准《城镇道路工程

施工与质量验收规范》(CJJ 1—2006)和《透水沥青路面技术规程》(CJJ/T 190—2012)第三章的规定。

2.透水沥青路面的透水层面应采用高黏度改性沥青作为结合料,基层可采用高黏度改性沥青、改性沥青或普通道路石油沥青。

3.高黏度改性沥青宜采用成品高黏度改性沥青,技术要求应符合表1-8的规定。试验方法应符合行业标准《公路工程沥青及沥青混合料试验规程》(JTG E20—2011)的相关规定。

表1-8 高黏度改性沥青技术要求

试验项目	单位	技术要求
针入度25℃	0.1mm	≥40
软化点	℃	≥80
延度15℃	cm	≥80
延度5℃	cm	≥30
闪点	℃	≥260
60℃动力黏度	Pa·s	≥20000
黏韧性	N·m	≥20
韧性	N·m	≥15
薄膜加热质量损失	%	≤0.6
薄膜加热针入度比	%	≥65

4.改性沥青和普通道路石油沥青的技术指标应符合行业标准《城镇道路路面设计规范》(CJJ 169—2012)的规定。

5.透水沥青混合料中粗集料宜采用轧制碎石,技术要求应符合表1-9的规定。试验方法应符合行业标准《公路工程沥青及沥青混合料试验规程》(JTG E20—2011)的相关规定。

表 1-9 粗集料技术要求

试验项目	单位	层次位置	
		表面层	其他层次
石料压碎值	%	≤26	≤28
洛杉矶磨耗损失	%	≤28	≤30
表观相对密度	—	≥2.6	≥2.5
吸水率	%	≤2	
坚固性	%	≤8	≤10
针片状颗粒含量	%	≤10	≤15
水洗法<0.075mm颗粒含量	%	≤1	
软石含量	%	≤3	≤5

6. 粗集料的粒径规格应符合行业标准《公路沥青路面施工技术规范》(JTG F40—2004)的规定。

7. 透水沥青路面表面层粗集料磨光值及与沥青的黏附性应符合表 1-10 的规定。其试验方法应符合行业标准《公路工程集料试验规程》(JTG E42—2005)和《公路工程沥青及沥青混合料试验规程》(JTG E20—2011)的相关规定。

表 1-10 粗集料磨光值与沥青的黏附性

雨量气候区		1(潮湿区)	2(湿润区)	3(半干区)	4(干旱区)
年降雨量（mm）		>1000	1000~500	500~250	<250
表面层粗集料的磨光值PSV		≥42	≥40	≥38	≥36
粗集料与沥青的黏附性	表面层	≥5	≥5	≥5	≥4
	其他层次	≥5	≥5	≥4	≥4

8. 透水沥青路面透水面层的细集料应采用机制砂,技术要求应符合表 1-11 的规定。试验方法应符合行业标准《公路工程集料试验规程》(JTG E42—2005)的相关规定。

表 1-11　细集料技术要求

试验项目	单位	技术要求
表观相对密度	—	≥2.50
坚固性 (>0.3mm 部分)	%	≥10
含泥量 (小于 0.075mm 的含量)	%	≤1
砂当量	%	≥60
棱角性 (流动时间)	s	≥30

9. 透水沥青路面的透水基层集料可采用天然砂和石屑,技术要求应符合行业标准《公路沥青路面施工技术规范》(JTG F40—2004)的规定。

10. 透水沥青混合料的矿粉宜采用石灰岩矿粉,技术要求应符合行业标准《公路沥青路面施工技术规范》(JTG F40—2004)的规定。

11. 透水沥青混合料中掺和的纤维可采用木质素纤维、矿物纤维等,技术要求应符合行业标准《公路沥青路面施工技术规范》(JTG F40—2004)的规定。

12. 透水沥青路面混合料应满足道路路面使用功能,并应满足透水、抗滑、降噪要求。

13. 透水基层可选用排水式沥青稳定碎石、级配碎石、大粒径透水性沥青混合料、骨架空隙型水泥稳定碎石和透水水泥混凝土。

14. 透水基层的空隙率应满足透水功能的要求。

15. 透水沥青路面路基应符合行业标准《城镇道路路面

设计规范》(CJJ 169—2012)的规定。

16. 透水路基在浸水后应满足承载力要求。对软土、膨胀土、湿陷性黄土、盐渍土、粉性土等地质条件特殊的路段，不宜直接铺筑Ⅲ型透水沥青路面。

17. 透水沥青路面边缘应设置纵向排水设施（图 1.1），排水能力应满足路面排水要求。

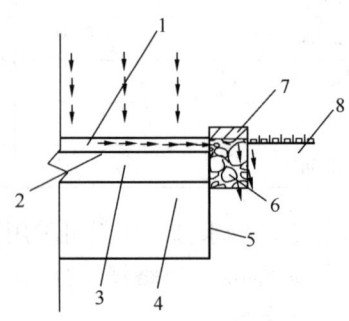

透水沥青路面Ⅰ型排水设施示意图（横断面）
1—透水沥青面层；2—封层；3—中、下面层；4—基层；5—防水材料；6—透水水泥混凝土；7—普通水泥混凝土；8—绿地

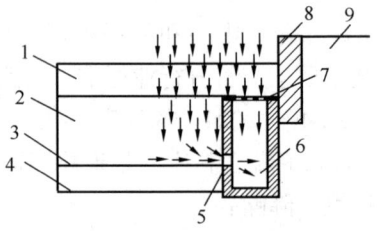

透水沥青路面Ⅱ型排水设施示意图（横断面）
1—透水面层；2—透水基层；3—封层；4—不透水基层
（底基层）或土基；5—排水管；6—排水沟；7—透水盖板；
8—路缘石；9—人行道

图 1.1 透水沥青路面边缘应设置纵向排水设施

18. 透水路面结构的排水设施应与市政排水系统相连。

19. 排水系统应结合当地降雨量和周边排水系统的特点进行设计。

1.3.3 验收要点

主控项目

1. 透水沥青混合料质量应符合下列规定：

1) 道路用沥青的品种、强度等级应符合国家有关标准和《透水沥青路面技术规程》(CJJ/T 190—2012) 中第 3 章的有关规定。

检查数量：按同一生产厂家、同一品种、同一强度等级、同一批号连续进场的沥青（石油沥青每 100t 为 1 批，改性沥青每 50t 为 1 批）每批次抽检 1 次。

检验方法：查出厂合格证，检验报告并进场复验。

2) 透水沥青混合料所用粗集料、细集料、矿粉、纤维等材料的质量及规格应符合《透水沥青路面技术规程》(CJJ/T 190—2012) 中第 3 章的有关规定。

检查数量：按不同品种产品进场批次和产品抽样检验方案确定。

检验方法：观察、检查进场检验报告。

3) 透水沥青混合料生产温度应符合《透水沥青路面技术规程》(CJJ/T 190—2012) 中第 5.3.1 条的有关规定。

检查数量：全数检查。

检验方法：查测温记录，现场检测温度。

4) 透水沥青混合料品质应符合《透水沥青路面技术规程》(CJJ/T 190—2012) 中第 4.3.2 条的技术要求。

检查数量：每日、每种检查 1 次。

检验方法：现场取样试验。

2. 透水沥青混合料面层质量检验应符合下列规定：

1) 透水沥青混合料面层压实度，对城市快速路、主干路应不小于96％；对次干路及以下道路应不小于95％。

检查数量：每1000m² 测1点。

检验方法：查试验记录（马歇尔击实试件密度，实验室标准密度）。

2) 透水沥青面层厚度应符合设计规定，允许偏差为 +10～-5mm。

检查数量：每1000m² 测1点。

检验方法：钻孔或刨挖，用钢尺量。

3) 弯沉值，应满足设计规定。

检查数量：每车道、每20m，测1点。

检验方法：弯沉仪检测。

4) 透水沥青面层渗透系数应达到设计要求。

检查数量：每1000m² 检测1点。

检验方法：查试验报告、复测。

一般项目

3. 透水沥青路面表面应平整、坚实，接缝紧密，无枯焦；不应有明显轮迹、推挤裂缝、脱落、烂边、油斑、掉渣等现象，不得污染其他构筑物。面层与路缘石、平石及其他构筑物应接顺，不得有积水现象。

检查数量：全数检查。

检验方法：观察。

4. 透水沥青混合料面层的允许偏差应符合表1-12的规定。

表 1-12 透水沥青混合料面层的允许偏差

项目		允许偏差	检验频率			检验方法
			范围	点数		
纵断高程（mm）		±15	20m	1		用水准仪测量
中线偏位（mm）		≤20	100m	1		用经纬仪测量
平整度（mm）	标准差σ值	≤1.5	100m	路宽（m）	<9	1	用测平仪检测
					9～15	2	
					>15	3	
	最大间隙	≤5	20m	路宽（m）	<9	1	用3m直尺和塞尺连续量取两尺，取最大值
					9～15	2	
					>15	3	
宽度（mm）		不小于设计值	40m	1		用钢尺量
横坡		±0.3%且不反坡	20m	路宽（m）	<9	2	用水准仪测量
					9～15	4	
					>15	6	
井框与路面高差（mm）		≤5	每座	1		十字法，用直尺、塞尺量取最大值
抗滑	摩擦系数	符合设计要求	200m	1		摆式仪
				全线连接		横向力系数车
	构造深度			1		砂铺法
						激光构造深度仪

注：1. 测平仪为全线每车道连续检测每100m计算标准差σ；无测平仪时可采用3m直尺检测；表中检测频率点数为测线数；
2. 平整度、抗滑性能也可采用自动检测设备进行检测；
3. 底基层表面、下面层应按设计规定用量洒泼透层油、粘层油；
4. 中面层、下面层仅进行中线偏位、平整度、宽度、横坡的检测；
5. 十字法检查井框与路面高差，每座检查井均应检查。十字法检查中，以平行于道路中线、过检查井盖中心的直线作基线，另一条线与基线垂直，构成检查用十字线。

1.3.4 安全与环保措施

1. 遵守国家及地方关于安全生产的规定,为保证施工现场安全作业,避免发生安全事故。

2. 进入现场人员一律佩戴安全帽,不准穿拖鞋、高跟鞋,不得赤脚作业。

3. 所有机械的操作运转,必须严格遵守相应的安全技术操作规程。

4. 施工用电安全:

1) 现场施工用电线路一律采用绝缘导线。使用时提前认真检查确保电缆无裸露现象。地上线路架空设置,以绝缘固定。

2) 电箱应安装位置适合,安装牢固,进出线整齐,拉线牢固,熔丝不得用金属代替,箱内不得放其他物品,配电箱、电缆线接头、电焊机等必须有防雨措施,认真检查施工现场照明和动力线有无混接、漏电现象,检查电气设备的接零、接地保护措施是否牢靠,漏电保护装置是否灵敏,电线绝缘接地是否良好,防止水浸受潮造成漏电或设备事故。

1.4 绿色屋顶

绿色屋顶也称种植屋面、屋顶绿化等,根据种植基质深度和景观复杂程度,绿色屋顶又分为简单式和花园式。绿色屋顶可有效减少屋面径流总量和径流污染负荷,具有节能减排的作用,但对屋顶荷载、防水、坡度、空间条件等有严格要求。

1.4.1 施工要点

1. 施工前应通过图纸会审,明确细部构造和技术要求,依据设计图纸和国家相关标准要求编制施工方案。

2. 施工人员应经过相应的技术培训或具有施工经验，并在施工前进行安全技术交底。

3. 进场的防水材料、排（蓄）水板、绝热材料和种植土等材料应按规定抽样复验，并提供检验报告。非本地植物应提供病虫害检疫报告。

4. 新建建筑屋面覆土种植施工工艺流程图（图1.2）。

5. 既有建筑屋面覆土种植施工工艺流程图（图1.3）。

6. 绿色屋顶适用于符合屋顶荷载、防水等条件的平屋顶建筑和坡度≤15°的坡屋顶建筑。

7. 绿色屋顶的荷载应考虑种植基质层和植物的荷载以及种植过程中所必须增加的其他荷载。

8. 防水排水是屋顶绿化的关键，应按屋面结构进行多道防水设施，做好防排水构造的系统处理。各种植物的根系均具有很强的穿刺能力，为防止植物根系穿透建筑防水层，应先在屋面铺设具有阻根功能的防水材料。

9. 防水层施工完成之后，应进行24h蓄水检验，经检验无渗漏后，在其上再铺设排水层，排水层可用塑料排水板、橡胶排水板、PVC排水管等。

1.4.2 质量要点

1. 根据植物需求及屋顶荷载

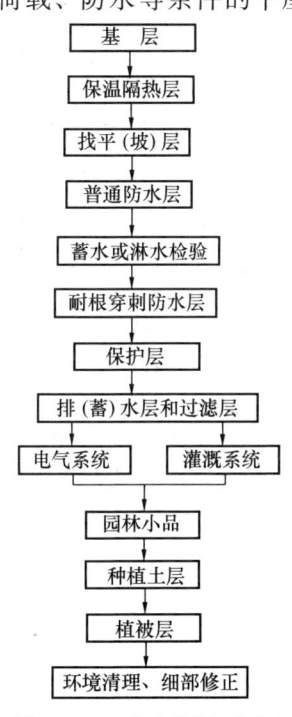

图1.2 新建建筑屋面覆土种植施工工艺流程图

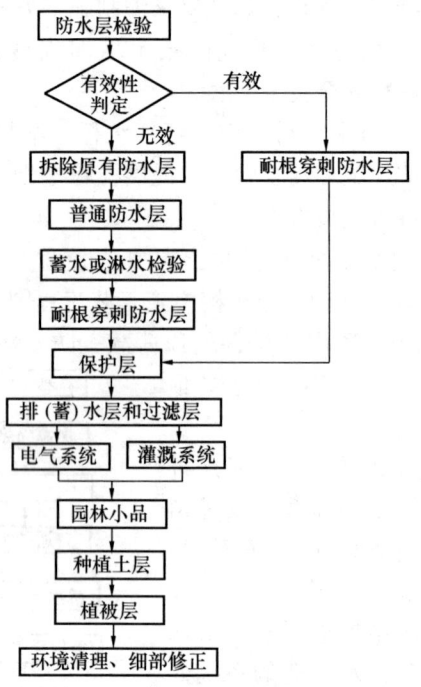

图 1.3 既有建筑屋面覆土种植施工工艺流程图

确定基质深度,简单式绿色屋顶的基质深度一般不大于150mm,花园式绿色屋顶在种植乔木时基质深度可超过600mm。绿色屋顶的设计可参考《种植屋面工程技术规程》(JGJ 155—2013) 的规定。绿色屋顶的典型构造如图1.4所示。

2. 种植屋面找坡(找平)层和保护层的施工应符合国家标准《屋面工程技术规范》(GB 50345—2012)、《地下工程防水技术规范》(GB 50108—2008) 的有关规定。

3. 种植屋面用防水卷材长边和短边的最小搭接宽度均

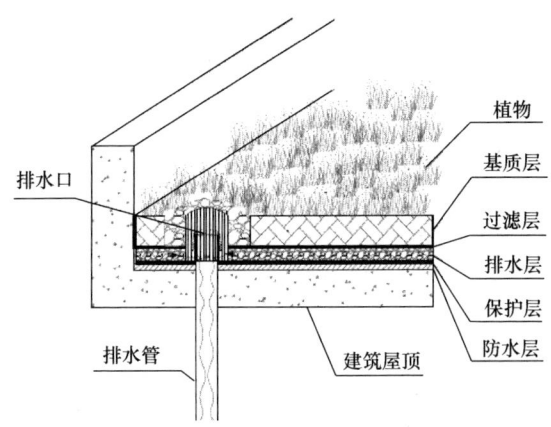

图 1.4 绿色屋顶的典型构造

应不小于 100mm。

4. 卷材收头部位宜采用金属压条钉压固定和密封材料封严。

5. 喷涂聚脲防水涂料的施工应符合行业标准《喷涂聚脲防水工程技术规程》(JGJ/T 200—2010) 的规定。

6. 防水材料的施工环境应符合下列规定：

1) 合成高分子防水卷材冷粘法施工，环境温度不宜低于 5℃；采用焊接法施工时，环境温度不宜低于－10℃；

2) 高聚物改性沥青防水卷材热熔法施工环境温度不宜低于－10℃；

3) 反应型合成高分子涂料施工环境温度宜为 5～35℃。

7. 种植容器排水方向应与屋面排水方向相同，并由种植容器排水口内直接引向排水沟排出。

8. 种植土进场后应避免雨淋，散装种植土应有防止扬尘的措施。

9. 进场的植物宜在 6h 之内栽植完毕，未栽植完的植物应及时喷水保湿，或采取假植措施。

10. 屋顶花园植物选择应符合屋顶立地条件的特点，其基本原则主要有以下几个方面：

1）遵循植物多样性和共生性原则，以生长特性和观赏价值相对稳定、滞尘控温能力较强的本地常用和引种成功的植物为主。

2）以低矮灌木、草坪、地被植物和攀援植物等为主，原则上不用大型乔木，有条件时可少量种植耐旱小型乔木。小乔木最好种植在木桶或木箱等容器中，并放在承重墙或承重柱的位置上。

3）应选择须根发达的植物，不宜选用根系穿刺性较强的植物，防止植物根系穿透建筑防水层。

4）选择阳性、耐瘠薄、粗放管理的浅根性植物。

5）选择抗风、耐旱、耐高温的植物。

6）选择抗污性强，可耐受、吸收、滞留有害气体或污染物质的植物。

1.4.3 质量验收

1. 种植屋面工程的子分部、分项工程的划分应符合表 1-13 的规定。

表 1-13 种植屋面工程的子分部、分项工程的划分

子分部工程	分项工程
种植屋面	找坡（找平）层、绝热层、普通防水层、耐根穿刺防水层、保护层、排水系统、排（蓄）水层、过滤层、种植土层、植被层、园路铺装、护栏、灌溉系统、电气照明系统、园林小品、避雷设施、细部构造

2. 分项工程的施工质量验收检验批的划分应符合下列规定：

1) 找坡（找平）层、绝热层、保护层、排（蓄）水层和防水层应按屋面面积每 100m² 抽查 1 处，每处 10m²，且应不少于 3 处；

2) 接缝密封防水部位，每 50m 抽查 1 处，每处 5m，且应不少于 3 处；

3) 乔灌木应全数检验，草坪地被类植物每 100m² 检查 3 处，且应不少于 2 处；

4) 细部构造部位应全部进行检查。

3. 种植屋面找坡（找平）层、保护层和细部构造的质量验收应符合国家标准《屋面工程质量验收规范》(GB 50207—2012)、《地下防水工程质量验收规范》(GB 50208—2011) 的有关规定。

4. 绿色屋顶防水工程竣工后，平屋面应进行 48h 蓄水检验，坡屋面应进行持续 3h 淋水检验。防水层不应有渗漏或积水现象。

1.4.4 安全与环保措施

1. 遵守国家及地方关于安全生产的规定，为保证施工现场安全作业，避免发生安全事故。

2. 进入现场人员一律佩戴安全帽，不准穿拖鞋、高跟鞋，不得赤脚作业，高空作业人员佩带并系好安全带，穿防滑鞋，施工时严禁嬉戏、打闹。

3. 严禁酒后作业，进入施工现场人员一律佩带工作证，特种作业人员应持证上岗。

4. 施工区域设置固定围护，现场要设置交通标志、安全标牌、警戒灯等安全标志，保证施工机械和施工人员的安全。

5. 所有机械的操作运转，必须严格遵守相应的安全技术操作规程。

6. 各施工班组现场应设防火负责人，负责本班所在区域的防火工作，并经常检查、督促本班组人员做好防火工作。

7. 施工用电安全：

1）现场施工用电线路一律采用绝缘导线。使用时提前认真检查确保电缆无裸露现象。地上线路架空设置，以绝缘固定。

2）电箱位置安装应适合、牢固，进出线整齐，拉线牢固，熔丝不得用金属代替，箱内不得放其他物品，配电箱、电缆线接头、电焊机等必须有防雨措施，认真检查施工现场照明和动力线有无混接、漏电现象，检查电气设备的接零、接地保护措施是否牢靠，漏电保护装置是否灵敏，电线绝缘接地是否良好，防止水浸受潮造成漏电或设备事故。

8. 施工前场地平整，清除障碍物时必须将弃土、弃渣等弃至指定的弃土场内，并在工程完后对弃土场进行挡护、绿化处理。

9. 屋面施工现场应采取下列安全防护措施：

1）屋面周边和预留孔洞部位必须设置安全护栏和安全网或其他防止人员和物体坠落的防护措施；

2）屋面坡度大于20%时，应采取人员保护和防滑措施；

3）雨天、雪天和五级风及以上时不得施工。

1.5 下沉式绿地广场

1. 下沉式绿地具有狭义和广义之分：狭义的下沉式绿地指低于周边铺砌地面或道路在 200 mm 以内的绿地；广义

的下沉式绿地泛指具有一定的调蓄容积（在以径流总量控制为目标进行目标分解或设计计算时，不包括调节容积），且可用于调蓄和净化径流雨水的绿地，包括生物滞留设施、渗透塘、湿塘、雨水湿地、调节塘等。

2.适用性。下沉式绿地可广泛应用于城市建筑与小区、道路、绿地和广场内。

3.狭义的下沉式绿地适用区域广，其建设费用和维护费用均较低，但大面积应用时，易受地形等条件的影响，实际调蓄容积较小。

1.5.1 施工要点

1.施工前应通过图纸会审，明确细部构造和技术要求，依据设计图纸和国家相关标准要求编制施工方案。

2.施工人员应经过相应的技术培训或具有施工经验，并在施工前进行安全技术交底。

3.原材料进入工地现场应按相关规范要求进行验收复试，并应查验产品合格证。

4.下沉式绿地广场施工前应对入渗区域的土壤渗透能力进行评价。

5.下沉式绿地应满足以下要求：

1）下沉式绿地的下凹深度应根据植物耐淹性能和土壤渗透性能确定，一般为100~200mm。

2）下沉式绿地内一般应设置溢流口（如雨水口），保证暴雨时径流的溢流排放，溢流口顶部标高一般应高于绿地50~100mm。下沉式绿地典型构造如图1.5所示。

1.5.2 质量要点

1.下凹绿地应接纳硬化面的径流雨水，并应符合下列规定：

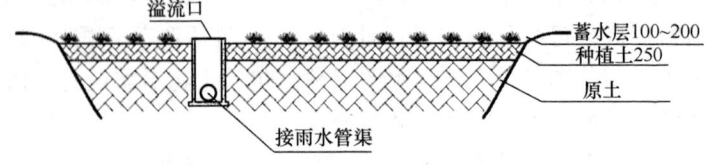

图 1.5 下沉式绿地构造示意图

1)周边雨水宜分散进入下凹绿地,当集中进入时应在入口处设置缓冲措施;

2)下凹式绿地植物应选用耐淹品种。

2.下沉式绿地广场采用的砂料应质地坚硬清洁,级配良好,含泥量应不大于3%;粗集料不得采用风化集料,粒径应符合设计要求,含泥量应不大于1%。

3.土壤渗透系数宜大于 10^{-6} m/s,且地下水位距离渗透面高差大于1m。

4.透水土工布宜选用无纺土工织物,质量宜为100~300g/m^2,渗透性能应大于所包覆土壤的最大渗水要求,应满足保土性、透水性和防堵性的要求,土工布搭接宽度应不少于150mm。

5.下沉式绿地靠近机动车道一侧1~2m范围内的防渗措施应满足设计要求,当设计未明确时路基应呈梯形延伸至绿地内1~1.5倍路基深度。施工时路基区域的各项排水施工措施应满足《城镇道路工程施工与质量验收规范》(CJJ 1—2006)的相关规定。

1.5.3 质量验收

1.下沉式绿地开挖、填埋、碾压施工前,应对现场进行调查,选择施工方法,编制工程计划和安全规程,施工不应降低自然土壤的渗透能力。

检查数量：全数检查。

检查方法：检查相关资料。

2. 土方开挖后沟槽底面不应夯实。应严格控制开挖范围和深度，避免超挖，超挖时不得用超挖土回填，应用碎石填充。

检查数量：全数检查。

检查方法：现场尺量及现场核查。

3. 碎石应采用透水土工布与渗透土壤层隔离，挖掘面应便于透水土工布的施工和固定。

检查数量：全数检查。

检查方法：观察检查。

4. 雨水收集和排放管道在回填土前应进行无压力管道严密性试验，并应符合国家标准《给水排水管道工程施工及验收规范》（GB 50268—2008）的规定。

检查数量：全数检查。

检查方法：观察检查。

5. 排水管道应按照国家标准《给水排水管道工程施工及验收规范》（GB 50268—2008）的规定进行验收。

6. 下沉式绿地施工的允许偏差应符合表1-14的要求。

表1-14 下沉式绿地施工的允许偏差

项目	允许偏差	检验频率		检验方法
		范围	点数	
轴线（mm）	≤50	每200m	5	用经纬仪、钢尺量
基底高程（mm）	+0，-10	每200m	4	用水准仪测量
断面尺寸	不低于设计要求	每200m	4	用钢尺量
蓄水层厚度（mm）	±10	每200m	4	用钢尺量

续表

项目	允许偏差	检验频率		检验方法
		范围	点数	
渗水种植土厚度(mm)	±10	每200m	4	用钢尺量
渗水砂砾层厚度(mm)	±10	每200m	4	用钢尺量

1.5.4 安全与环保措施

1. 遵守国家及地方关于安全生产的规定，为保证施工现场安全作业，避免发生安全事故。

2. 进入现场人员一律佩戴安全帽，不准穿拖鞋、高跟鞋，不得赤脚作业，高空作业人员佩带并系好安全带，穿防滑鞋，施工时严禁嬉戏、打闹。

3. 严禁酒后作业，进入施工现场人员一律佩带工作证，特种作业人员应持证上岗。

4. 施工区域设置固定围护，现场要设置交通标志、安全标牌、警戒灯等安全标志，保证施工机械和施工人员的安全。

5. 所有机械的操作运转，必须严格遵守相应的安全技术操作规程。

6. 各施工班组现场应设防火负责人，负责本班所在区域的防火工作，并要经常检查、督促本班组人员做好防火工作。

7. 施工用电安全：

1）现场施工用电线路一律采用绝缘导线。使用时提前认真检查确保电缆无裸露现象。地上线路架空设置，以绝缘固定。

2）电箱位置安装应适合，安装牢固，进出线整齐，拉线牢固，熔丝不得用金属代替，箱内不得放其他物品，配电箱、电缆线接头、电焊机等必须有防雨措施，认真检查施工现场照明和动力线有无混接、漏电现象，检查电气设备的接零、接地保护措施是否牢靠，漏电保护装置是否灵敏，电线绝缘接地是否良好，防止水浸受潮造成漏电或设备事故。

8.施工前场地平整，清除障碍物时必须将弃土、弃渣等弃至指定的弃土场内，并在工程完后对弃土场进行挡护、绿化处理。

9.沟槽开挖必须设置临边防护或其他防止人员和物体坠落的防护措施。

10.雨水入渗不应引起地质灾害及损害建筑物。下列场所不得采用下沉式绿地广场：

1）可能造成坍塌、滑坡灾害的场所；

2）对居住环境以及自然环境造成危害的场所；

3）自重湿陷性黄土、膨胀土和高含盐土等特殊土壤地质场所。

1.6 生物滞留设施

生物滞留设施是指在地势较低的区域，通过植物、土壤和微生物系统蓄渗、净化径流雨水的设施。生物滞留设施分为简易型生物滞留设施和复杂型生物滞留设施，按应用位置不同又称作雨水花园、生物滞留带、高位花坛、生态树池等。

生物滞留设施主要适用于建筑与小区内建筑、道路及停车场的周边绿地，以及城市道路绿化带等城市绿地内。

生物滞留设施形式多样、适用区域广、易与景观结合、径流控制效果好、建设费用与维护费用较低；但地下水位与岩石层较高、土壤渗透性能差、地形较陡的地区，应采取必要的换土、防渗、设置阶梯等措施避免次生灾害的发生，将增加建设费用。

1.6.1 施工要点

1. 施工前应通过图纸会审，明确细部构造和技术要求，依据设计图纸和国家相关标准要求编制施工方案。

2. 施工人员应经过相应的技术培训或具有施工经验，并在施工前进行安全技术交底。

3. 原材料进入工地现场应按相关规范要求进行验收复试，并应查验产品合格证。

4. 生物滞留设施施工前应对入渗区域的土壤渗透能力进行评价。

5. 对于污染严重的汇水区应选用植草沟、植被缓冲带或沉淀池等对径流雨水进行预处理，去除大颗粒的污染物并减缓流速；应采取弃流、排盐等措施防止融雪剂或石油类等高浓度污染物侵害植物。

6. 屋面径流雨水可由雨落管接入生物滞留设施，道路径流雨水可通过路缘石豁口进入生物滞留设施，路缘石豁口尺寸和数量应根据道路纵坡等经计算确定。

7. 生物滞留设施应用于道路绿化带时，若道路纵坡大于1%，应设置挡水堰或台坎，以减缓流速并增加雨水渗透量；设施靠近路基部分应进行防渗处理，防止对道路路基稳定性造成影响。

8. 生物滞留设施宜分散布置且规模不宜过大，生物滞留设施面积与汇水面面积之比一般为5%～10%。

1.6.2 质量要点

1. 生物滞留设施内应设置溢流设施，可采用溢流竖管、盖箅溢流井或雨水口等，溢流设施顶一般应高于设计液面100mm。简易型生物滞留设施典型构造示意图如图1.6所示。

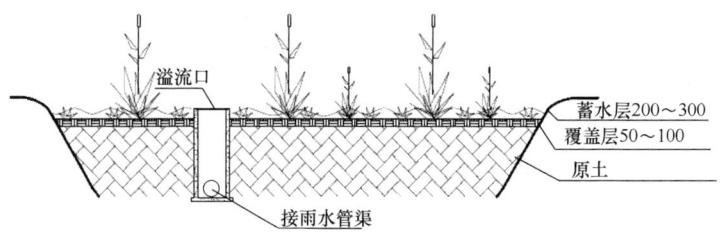

图1.6 简易型生物滞留设施典型构造示意图

2. 复杂型生物滞留设施结构层外侧及底部应设置透水土工布，防止周围原土侵入。如经评估认为下渗会对周围建（构）筑物造成塌陷风险，或者拟将底部出水进行集蓄回用时，可在生物滞留设施底部和周边设置防渗膜。复杂型生物滞留设施典型构造示意图如图1.7所示。

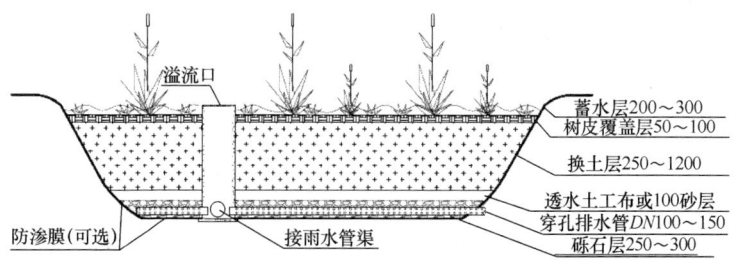

图1.7 复杂型生物滞留设施典型构造示意图

3. 透水土工布宜选用无纺土工织物，质量宜为100～

$300g/m^2$，渗透性能应大于所包覆土壤的最大渗水要求，应满足保土性、透水性和防堵性的要求。土工布搭接宽度应不少于150mm。

4. 生物滞留设施的蓄水层深度应根据植物耐淹性能和土壤渗透性能来确定，一般为200～300mm，并应设100mm的超高；换土层介质类型及深度应满足出水水质要求，还应符合植物种植及园林绿化养护管理技术要求；当种植草本植物时厚度一般为250mm，种植木本植物时厚度一般为1000mm。

5. 为防止换土层介质流失，换土层底部一般设置透水土工布隔离层，也可采用厚度不小于100mm的砂层（细砂和粗砂）代替；砾石层起到排水作用，厚度一般为250～300mm，可在其底部埋置管径为100～150mm的穿孔排水管，砾石应洗净且粒径不小于穿孔管的开孔孔径；为提高生物滞留设施的调蓄作用，在穿孔管底部可增设一定厚度的砾石调蓄层。

6. 对于径流污染严重、设施底部渗透面距离季节性最高地下水位或岩石层小于1m及距离建筑物基础小于3m（水平距离）的区域，可采用底部防渗的复杂型生物滞留设施。

1.6.3 质量验收

1. 生物滞留设施开挖、填埋、碾压施工前，应对现场进行调查，选择施工方法，编制工程计划和安全规程，施工不应降低自然土壤的渗透能力。

检查数量：全数检查。

检查方法：检查相关资料。

2. 土方开挖后沟槽底面不应夯实。应严格控制开挖范围和深度，避免超挖，超挖时不得用超挖土回填，应用碎石填充。

检查数量：全数检查。

检查方法：现场尺量及现场核查。

3. 沟槽开挖后，埋地渗透设施安装和敷设应连续施工。

检查数量：全数检查。

检查方法：现场核查。

4. 雨水收集和排放管道在回填土前应进行无压力管道严密性试验，并应符合国家标准《给水排水管道工程施工及验收规范》（GB 50268—2008）的规定。

检查数量：全数检查。

检查方法：观察检查。

5. 排水管道应按照国家标准《给水排水管道工程施工及验收规范》（GB 50268—2008）的规定进行验收。

1.6.4 安全与环保措施

1. 遵守国家及地方关于安全生产的规定，为保证施工现场安全作业，避免发生安全事故。

2. 进入现场人员一律佩戴安全帽，不准穿拖鞋、高跟鞋，不得赤脚作业，高空作业人员佩带并系好安全带，穿防滑鞋，施工时严禁嬉戏、打闹。

3. 严禁酒后作业，进入施工现场人员一律佩带工作证，特种作业人员应持证上岗。

4. 施工区域设置固定围护，现场要设置交通标志、安全标牌、警戒灯等安全标志，保证施工机械和施工人员的安全。

5. 所有机械的操作运转，必须严格遵守相应的安全技术操作规程。

6. 各施工班组现场应设防火负责人，负责本班所在区域的防火工作，并经常检查、督促本班组人员做好防火工作。

7. 施工用电安全：

1）现场施工用电线路一律采用绝缘导线。使用时提前认真检查确保电缆无裸露现象。地上线路架空设置，以绝缘固定。

2）电箱应安装位置适合，安装牢固，进出线整齐，拉线牢固，熔丝不得用金属代替，箱内不得放其他物品，配电箱、电缆线接头、电焊机等必须有防雨措施，认真检查施工现场照明和动力线有无混接、漏电现象，检查电气设备的接零、接地保护措施是否牢靠，漏电保护装置是否灵敏，电线绝缘接地是否良好，防止水浸受潮造成漏电或设备事故。

8. 施工前场地平整，清除障碍物时必须将弃土、弃渣等弃至指定的弃土场内，并在工程完后对弃土场进行挡护、绿化处理。

9. 沟槽开挖必须设置临边防护或其他防止人员和物体坠落的防护措施。

10. 雨水入渗不应引起地质灾害及损害建筑物。下列场所不得采用生物滞留设施：

1）可能造成坍塌、滑坡灾害的场所；

2）对居住环境以及自然环境造成危害的场所；

3）自重湿陷性黄土、膨胀土和高含盐土等特殊土壤地质场所。

11. 雨水渗透设施应保证其周围建（构）筑物的安全使用。埋在地下的雨水渗透设施距建筑物基础边缘应不小于5m，且不应对其他构筑物、管道基础产生影响。

12.雨水渗透系统不应对居民生活造成不便,不应对小区卫生环境产生危害。地面入渗场地上的植物配置应与入渗系统相协调。生物滞留设施与生活饮用水储水池的间距应不小于10m。非自重湿陷性黄土场地,渗透设施应设置于建筑物防护距离以外,且不应影响小区道路路基。

1.7 渗透塘

渗透塘是一种用于雨水下渗补充地下水的洼地,具有一定的净化雨水和削减峰值流量的作用。

渗透塘适用于汇水面积较大(大于$1hm^2$)且具有一定空间条件的区域,可有效补充地下水、削减峰值流量,建设费用较低,但对场地条件要求较严格,对后期维护管理要求较高。

1.7.1 施工要点

1. 施工前应通过图纸会审,明确细部构造和技术要求,依据设计图纸和国家相关标准要求编制施工方案。

2. 施工人员应经过相应的技术培训或具有施工经验,并在施工前进行安全技术交底。

3. 原材料进入工地现场应按相关规范要求进行验收复试,并应查验产品合格证。

4. 渗透塘前应设置沉砂池、前置塘等预处理设施,去除大颗粒的污染物并减缓流速;有降雪的城市,应采取弃流、排盐等措施防止融雪剂侵害植物。

1.7.2 质量要点

1. 渗透塘边坡坡度(垂直:水平)一般不大于1:3,宽深比不小于6:1,塘底至溢流水位一般不小于0.6m。渗透塘典型构造示意图如图 1.8 所示。

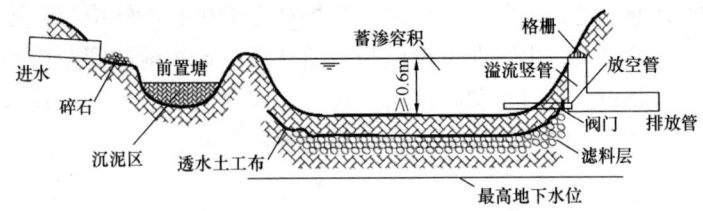

图 1.8 渗透塘典型构造示意图

2．渗透塘底部构造一般为 200～300mm 的种植土、透水土工布及 300～500mm 的过滤介质层。过滤介质层一般为砂渗透层和碎石层，砂层厚度一般不宜小于 300mm，碎石层厚度宜为 20～40mm。底部植物应在接纳径流之前成型，植物应既能抗涝又能抗旱，适应洼地内水位变化。

3．透水土工布宜选用无纺土工织物，质量宜为 100～300g/m²，渗透性能应大于所包覆土壤的最大渗水要求，应满足保土性、透水性和防堵性的要求。土工布搭接宽度应不小于 150mm。

4．渗透塘排空时间应不大于 24h。

5．地下室渗透塘应设检查口。

6．渗透塘应设溢流设施，并与城市雨水管渠系统和超标雨水径流排放系统衔接，渗透塘外围应设安全防护措施和警示牌。

1.7.3 质量验收

1．渗透塘开挖、填埋、碾压施工前，应对现场进行调查，选择施工方法，编制工程计划和安全规程，施工不应降低自然土壤的渗透能力。

检查数量：全数检查。

检查方法：检查相关资料。

2. 土方开挖后应严格控制开挖范围和深度，避免超挖，超挖时不得用超挖土回填，应用碎石填充。

检查数量：全数检查。

检查方法：现场尺量及现场核查，每100m检查4点。

3. 沟槽开挖后，埋地渗透设施安装和敷设应连续施工。

检查数量：全数检查。

检查方法：现场核查。

4. 雨水收集和排放管道在回填土前应进行无压力管道严密性试验，并应符合国家标准《给水排水管道工程施工及验收规范》(GB 50268—2008)的规定。

检查数量：全数检查。

检查方法：观察检查。

5. 排水管道应按照国家标准《给水排水管道工程施工及验收规范》(GB 50268—2008)的规定进行验收。

1.7.4 安全与环保措施

1. 遵守国家及地方关于安全生产的规定，为保证施工现场安全作业，避免发生安全事故。

2. 进入现场人员一律佩戴安全帽，不准穿拖鞋、高跟鞋，不得赤脚作业，高空作业人员佩带并系好安全带，穿防滑鞋，施工时严禁嬉戏、打闹。

3. 严禁酒后作业，进入施工现场人员一律佩带工作证，特种作业人员应持证上岗。

4. 施工区域设置固定围护，现场要设置交通标志、安全标牌、警戒灯等安全标志，保证施工机械和施工人员的安全。

5. 所有机械的操作运转，必须严格遵守相应的安全技术操作规程。

6. 各施工班组现场应设防火负责人,负责本班所在区域的防火工作,并要经常检查、督促本班组人员做好防火工作。

7. 施工用电安全:

1）现场施工用电线路一律采用绝缘导线。使用时提前认真检查确保电缆无裸露现象。地上线路架空设置,以绝缘固定。

2）电箱位置安装应适合、牢固,进出线整齐,拉线牢固,熔丝不得用金属代替,箱内不得放其他物品,配电箱、电缆线接头、电焊机等必须有防雨措施,认真检查施工现场照明和动力线有无混接、漏电现象,检查电气设备的接零、接地保护措施是否牢靠,漏电保护装置是否灵敏,电线绝缘接地是否良好,防止水浸受潮造成漏电或设备事故。

8. 施工前场地平整,清除障碍物时必须将弃土、弃渣等弃至指定的弃土场内,并在工程完后对弃土场进行挡护、绿化处理。

9. 沟槽开挖必须设置临边防护或其他防止人员和物体坠落的防护措施。

10. 雨水入渗不应引起地质灾害及损害建筑物。下列场所不得采用渗透塘设施:

1）可能造成坍塌、滑坡灾害的场所;

2）对居住环境以及自然环境造成危害的场所;

3）自重湿陷性黄土、膨胀土和高含盐土等特殊土壤地质场所。

11. 对于径流污染严重、设施底部渗透面距离季节性最高地下水位或岩石层小于 1m 及距离建筑物基础小于 3m（水平距离）的区域,应采取必要的措施防止次生灾害的发生。

12. 渗透塘外围应设安全防护措施和警示牌。

13. 雨水渗透设施应保证其周围建（构）筑物的安全使用。埋在地下的雨水渗透设施距建筑物基础边缘应不小于5m，且不应对其他构筑物、管道基础产生影响。

14. 雨水渗透系统不应对居民生活造成不便，不应对小区卫生环境产生危害。地面入渗场地上的植物配置应与入渗系统相协调。渗透塘与生活饮用水储水池的间距应不小于10m。非自重湿陷性黄土场地，渗透设施应设置于建筑物防护距离以外，且不应影响小区道路路基。

1.8 渗井

渗井是指通过井壁和井底进行雨水下渗的设施。为增大渗透效果，可在渗井周围设置水平渗排管，并在渗排管周围铺设砾（碎）石。

渗井主要适用于建筑与小区内建筑、道路及停车场的周边绿地内。渗井占地面积小，建设和维护费用较低，但其水质和水量控制作用有限。

1.8.1 施工要点

1. 施工前应通过图纸会审，明确细部构造和技术要求，依据设计图纸和国家相关标准要求编制施工方案。

2. 施工人员应经过相应的技术培训或具有施工经验，并在施工前进行安全技术交底。

3. 原材料进入工地现场应按相关规范要求进行验收复试，并应查验产品合格证。

4. 渗井应按下列工序施工：
挖掘→铺砂→铺透水土工布→充填碎石→渗透设施安装

→充填碎石→铺透水土工布→回填→残土处理→清扫整理→渗透能力的确认。

5. 雨水通过渗井下渗前应通过植草沟、植被缓冲带等设施对雨水进行预处理。

6. 渗井宜采用 PE（聚乙烯）材质，井壁及井底均开孔，具有渗透功能，开孔率宜大于 15%，井口公称直径宜为 600～800mm，井深宜为 1～1.4m。渗井宜与渗排管配套使用。

7. 渗井的雨水井箅应符合《再生树脂复合材料水箅》（CJ/T 130—2001）、《聚合物基复合材料水箅》（CJ/T 212—2005）、《球墨铸铁复合树脂水箅》（CJ/T 328—2010）等现行有关标准的规定。

1.8.2 质量要点

1. 渗井调蓄容积不足时，也可在渗井周围连接水平渗排管，形成辐射渗井。辐射渗井的典型构造示意图如图 1.9 所示。

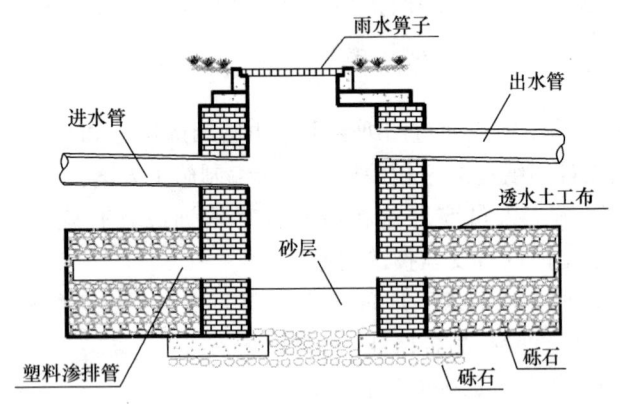

图 1.9 辐射渗井的典型构造示意图

2. 渗排管可采用穿孔塑料管、聚乙烯丝绕管、无砂混凝土管等材料制成，塑料管开孔率应控制在1%～3%，无砂混凝土管的孔隙率应大于20%。

3. 渗排管沟应能疏通，疏通内径应不小于150mm，检查井之间的管道敷设坡度宜采用0.01～0.02。

4. 渗排管四周填充砾石或其他多孔材料，砾石外包土工布，土工布搭接宽度应不小于150mm。透水土工布主要性能指标应符表1-15的规定。

5. 透水土工布宜选用无纺土工织物，质量宜为100～300g/m²，渗透性能应大于所包覆土壤的最大渗水要求，应满足保土性、透水性和防堵性的要求。

6. 渗井间距应不大于渗透管管径的150倍。渗井的出水管的内底高程应高于进水管内顶高程，但不应高于上游相邻井的出水管管内底高程，出水管应连接到雨水排水管网。

7. 渗透检查井应设0.3m沉沙室，井底渗透面距地下水位的距离应不小于1.5m，底部及周边的土壤渗透系数应大于5×10^{-6}m/s。

8. 渗排管不应设在行车路面下，管径和敷设坡度应满足地面雨水排放流量的要求，且直径应不小于200mm。

9. 渗井的井室应符合《给水排水管道工程施工及验收规范》（GB 50268—2008）、《塑料排水检查井应用技术规程》（CJJ/T 209—2013）的有关要求。

表1-15　透水土工布主要性能指标

项目	性能指标
单位面积质量（g/m²）	≥200
厚度（mm）	≥1.7

续表

项目	性能指标
断裂强度（kN/m）	≥6.5
断裂伸长率（%）	25～100
撕破强力（kN）	≥1.6

1.8.3 质量验收

1. 渗井施工时应进行现场事前调查、选择施工方法、编制工程计划和安全规程，施工不应降低自然土壤的渗透能力。

检查数量：全数检查。

检查方法：检查相关资料及现场核查。

2. 土方开挖后应严格控制开挖范围和深度，避免超挖，超挖时不得用超挖土回填，应用碎石填充。

检查数量：全数检查。

检查方法：现场尺量及现场核查。

3. 沟槽开挖后，埋地渗透设施安装和敷设应连续施工。

检查数量：全数检查。

检查方法：现场核查。

4. 雨水收集和排放管道在回填土前应对无压力管道进行严密性试验，并应符合国家标准《给水排水管道工程施工及验收规范》（GB 50268—2008）的规定。

检查数量：全数检查。

检查方法：观察检查。

5. 排水管道应按照国家标准《给水排水管道工程施工及验收规范》（GB 50268—2008）的规定进行验收。

1.8.4 安全与环保措施

1. 遵守国家及地方关于安全生产的规定，为保证施工现场安全作业，避免发生安全事故。

2. 进入现场人员一律佩戴安全帽，不准穿拖鞋、高跟鞋，不得赤脚作业，高空作业人员佩带并系好安全带，穿防滑鞋，施工时严禁嬉戏、打闹。

3. 严禁酒后作业，进入施工现场人员一律佩带工作证，特种作业人员应持证上岗。

4. 施工区域设置固定围护，现场要设置交通标志、安全标牌、警戒灯等安全标志，保证施工机械和施工人员的安全。

5. 所有机械的操作运转，必须严格遵守相应的安全技术操作规程。

6. 各施工班组现场应设防火负责人，负责本班所在区域的防火工作，并经常检查、督促本班组人员做好防火工作。

7. 施工用电安全：

1）现场施工用电线路一律采用绝缘导线。使用时提前认真检查确保电缆无裸露现象。地上线路架空设置，以绝缘固定。

2）电箱位置安装应适合、牢固，进出线整齐，拉线牢固，熔丝不得用金属代替，箱内不得放其他物品，配电箱、电缆线接头、电焊机等必须有防雨措施，认真检查施工现场照明和动力线有无混接、漏电现象，检查电气设备的接零、接地保护措施是否牢靠，漏电保护装置是否灵敏，电线绝缘接地是否良好，防止水浸受潮造成漏电或设备事故。

8. 施工前场地平整，清除障碍物时必须将弃土、弃渣等弃至指定的弃土场内，并在工程完后对弃土场进行挡护、绿化处理。

9. 沟槽开挖必须设置临边防护或其他防止人员和物体坠落的防护措施。

10. 雨水入渗不应引起地质灾害及损害建筑物。下列场所不得采用渗井设施：

1) 可能造成坍塌、滑坡灾害的场所；

2) 对居住环境以及自然环境造成危害的场所；

3) 自重湿陷性黄土、膨胀土和高含盐土等特殊土壤地质场所。

11. 对于径流污染严重、设施底部渗透面距离季节性最高地下水位或岩石层小于 1m 及距离建筑物基础小于 3m（水平距离）的区域，应采取必要的措施防止次生灾害的发生。

12. 雨水渗透设施应保证其周围建（构）筑物的安全使用。埋在地下的雨水渗透设施距建筑物基础边缘应不小于 5m，且不应对其他构筑物、管道基础产生影响。

13. 雨水渗透系统不应对居民生活造成不便，不应对小区卫生环境产生危害。地面入渗场地上的植物配置应与入渗系统相协调。渗井与生活饮用水储水池的间距应不小于 10m。非自重湿陷性黄土场地，渗透设施应设置于建筑物防护距离以外，且不应影响小区道路路基。

2 储存技术

2.1 湿塘及雨水湿地

2.1.1 施工要点

1. 湿塘、雨水湿地的构造一般由进水口、前置塘、主塘（雨水湿地为沼泽区、出水池）、溢流出水口、护坡及驳岸、维护通道等构成。

2. 开工前应熟悉和审查湿塘、雨水湿地工程施工图，根据设计文件，对有关数据、资料及施工图中的几何尺寸进行核对，并与设计单位进行施工交底和现场核对。

3. 进水口和溢流出水口应设置碎石、消能坎等消能设施，防止水流冲刷和侵蚀。同时进口拦污设施应正确设置，以进行初期雨水净化。

4. 前置塘应作为湿塘的预处理设施，沉淀径流中大颗粒污染物；池底一般为混凝土或块石结构，便于清淤；前置塘应设置清淤通道及防护设施，驳岸形式宜为生态软驳岸，边坡坡度（垂直：水平）一般为1∶2～1∶8。

5. 主塘一般包括常水位以下的永久容积和储存容积，永久容积水深一般为0.8～2.5m；储存容积一般根据所在区域相关规划提出的"单位面积控制容积"确定；具有峰值流量削减功能的湿塘还包括调节容积，调节容积应在24～48h内排空；主塘与前置塘间宜设置水生植物种植区（雨水湿地），主塘驳岸宜为生态软驳岸，边坡坡度（垂直：水平）不宜大于1：6。

6. 溢流出水口包括溢流竖管和溢洪道，排水能力应根据下游雨水管渠或超标雨水径流排放系统的排水能力确定。

2.1.2 质量要点

1. 土方开挖时应根据各功能分区，严格控制开挖平面尺寸、基底高程和边坡坡度；采用机械开挖时，基底和边坡至少应留出300mm，由人工挖至设计标高和边坡坡度；如局部出现超挖，必须按设计要求进行处理。

2. 对沟槽侧壁设立足够的支撑，保证开挖尺寸和施工安全，开挖范围限制在现场范围，不得损坏或干扰附近建筑物；开挖边坡以基坑能保持稳定来确定。

3. 湿塘、雨水湿地蓄水区域渗透率应满足设计要求，如果土壤渗透率不满足设计要求，应设置防渗层。

4. 驳岸宜为生态软驳岸，边坡坡度（垂直：水平）不宜大于1：6。驳岸的坡度不宜超过土壤的自然安息角，坡度大于土壤的自然安息角时应进行护坡、固土及防冲刷的措施；草坡入水驳岸铺设前应回填厚度不小于80mm的种植土，坡度较陡时，应采用竹钉等措施固定草坪；木桩驳岸施工前应按设计要求对木桩进行处理，边坡土质较松时，还应进行适当的加固处理。

5. 渗透塘为防止种植土随雨水流入滤料层可设置透水土工布，透水土工布搭接宽度应不小于200mm，并防止尖锐物体损坏。

6. 配水石笼的基底土质及其密实度应符合设计要求，现场如遇较差地基土质时，应另做地基处理。为阻止土颗粒渗入石笼内，宜在石笼底部铺设透水土工布。填充格宾网箱的填充料规格质量，必须符合设计要求。

7. 雨水湿地、雨水湿塘等应配植湿、水生植物，植物种植应注重景观的层次感，选择挺水植物、沉水植物和浮水植物搭配，优先考虑容易养护管理且生长势容易控制的植物。若雨水湿塘较深（水深超过60cm），需从安全角度出发，周边应配置低矮灌木，形成自然的绿篱，消除安全隐患。

8. 植物材料应具有根系发达、生长健壮、抗性强、无病虫腐烂组织等特性，植物的选配、规格及形态应符合设计要求。

2.1.3 质量验收

主控项目

1. 湿塘及雨水湿地所用的原材料、预制构件的质量应符合国家有关标准的规定和设计要求。

检查数量：全数检查。

检查方法：检查产品质量合格证明书、各项性能检验报告、进场验收记录。

2. 调节容积应在24～48h内排空。

检查方法：现场灌水试验。

3. 湿塘、雨水湿地的构造形式、蓄水量、排空能力应满足设计要求，进水口拦污设施应正确设置，以净化初期雨水、降低湿塘（雨水湿地）清理工作量。

检查方法：现场进行蓄水量、排空能力试验。

4. 进水口、前置塘、主塘（雨水湿地为沼泽区、出水池）、溢流出水口的高程应符合设计规定，允许误差±20mm。

检查数量：全数检查。

检查方法：水准仪。

5. 浅沼泽区深度范围为0～0.3m，深沼泽区深度范围为0.3～0.5m。

检查数量：100m² 检测 1 点，且不少于 10 点。

检查方法：尺量检查。

6. 进水口和溢流出水口应设置碎石、消能坎等消能设施，防止水流冲刷和侵蚀。

检查数量：全数检查。

检验方法：观察检查。

7. 放空管的结构型式、标高，应严格按设计要求施工，距池底应不小于 100mm，格栅板安装前必须确定安装顺序，结合图纸的格栅板编号依次安装。

检查数量：全数检查。

检查方法：水准仪量测。

8. 砌筑水泥砂浆强度等级、结构混凝土强度等级符合设计要求。

检查方法：检查水泥砂浆强度等级、混凝土强度等级报告。

检查数量：每 50m³ 砌体或混凝土每浇筑 1 个台班一组试块。

9. 水生植物种植区池底回填材料应满足设计的水生植物种植要求。

一般项目

10. 进水口、前置塘、主塘、沼泽区池底、出水池、溢流出水口的结构类型、尺寸应按设计要求进行施工，池底结构应完整、平顺。溢流出水口排水能力应根据下游雨水管渠或超标雨水径流排放系统的排水能力确定。

检查数量：100m² 检测 1 点，且不少于 10 点。

检查方法：量测。

11. 前置塘、主塘驳岸线形、结构、边坡坡度，按设计要求施工；边坡坡度设计未明确的，应为 1∶2～1∶8，主塘边坡不宜大于 1∶6；驳岸形式宜为生态软驳岸。

检查数量：全数检查。

检查方法：水准仪和尺量检查。

12. 砌筑结构应灰浆饱满、无通缝；混凝土结构物不得有严重质量缺陷，井室无渗水、水珠现象。

检查数量：全数检查。

检查方法：观察。

13. 设施及周边根据水深不同种植不同类型植物，搭配合理。设施周边应选择根系发达、抗性强、净化能力强的植物，以提高对雨水中污染物的去除能力。

检查方法：观察。

2.1.4 安全与环保措施

1. 遵守国家及地方关于安全生产的规定，为保证施工现场安全作业，避免发生安全事故。

2. 进入现场人员一律佩戴安全帽，不准穿拖鞋、高跟鞋，不得赤脚作业，高空作业人员系好安全带，穿防滑鞋，施工时严禁嬉戏、打闹。

3. 施工区域设置固定围护，现场要设置交通标志、安全标牌、警戒灯等安全标志，保证施工机械和施工人员的安全。

4. 所有机械的操作运转，必须严格遵守相应的安全技术操作规程。

5. 施工用电安全：

1）现场施工用电线路一律采用绝缘导线。使用时提前认真检查确保电缆无裸露现象。地上线路架空设置，以绝缘固定。

2）电箱位置安装应适合、牢固，进出线整齐，拉线牢固，熔丝不得用金属代替，箱内不得放其他物品，配电箱、电缆线接头、电焊机等必须有防雨措施，认真检查施工现场照明和动力线有无混接、漏电现象，检查电气设备的接零、接地保护措施是否牢靠，漏电保护装置是否灵敏，电线绝缘接地是否良好，防止水浸受潮造成漏电或设备事故。

6. 施工前场地平整，清除障碍物时必须将弃土、弃渣等弃至指定的弃土场内，并在工程完后对弃土场进行挡护、绿化处理。

7. 沟槽开挖必须设置临边防护或其他防止人员和物体坠落的防护措施。

8. 雨水入渗不应引起地质灾害及损害建筑物。

9. 对于径流污染严重、设施底部渗透面距离季节性最高地下水位或岩石层小于 1m 及距离建筑物基础小于 3m（水平距离）的区域，应采取必要的措施防止次生灾害的发生。

10. 雨水渗透设施应保证其周围建（构）筑物的安全使用。埋在地下的雨水渗透设施距建筑物基础边缘应不小于 5m，且不应对其他构筑物、管道基础产生影响。

11. 雨水渗透系统不应对居民生活造成不便，不应对小区卫生环境产生危害。地面入渗场地上的植物配置应与入渗系统相协调。

2.2　蓄水池

2.2.1　施工要点

1. 蓄水池施工前应根据设计要求，复核与蓄水池连接的有关管道、控制点和水准点。施工时应采取相应技术措施、合理安排施工顺序,避免新旧管道、建(构)筑物之间出现影响结构安全、运行功能的差异沉降。

2. 蓄水池施工过程中应编制施工方案,并应包括施工过程中影响范围内的建(构)筑物、地下管线等监控量测方案。施工前,施工单位对所交桩高程应进行复核测量。

3. 基坑的开挖深度应符合技术要求,避免超挖。基坑的开挖底面积应大于水池的底面积,每边大于水池的底面边缘0.7~1.0m。安装沉沙井、过滤井、取水井和进、出水管、透气管的一侧按水井和管道边缘预留0.7~1.0m空间。

4. 蓄水池进水口应正确设置拦污设施,为后期蓄水池池体清理减少工作量。

5. 蓄水池满水试验检验结构本体(混凝土、装配式预应力混凝土)施工的结构强度和抗渗性质量,试验应在表面层(防水层、防腐层、保温层、喷浆保护层)施工前进行,且应符合《给水排水构筑物工程施工及验收规范》(GB 50141—2008)的相关规定。

2.2.2 质量要点

1. 应根据工程地质、水文地质、周边环境编制基坑土方开挖、支护、降水施工方案,开挖深度超过5m(含5m)或开挖深度虽未超过5m,但地质条件、周围环境和地下管线复杂,或影响毗邻建(构)筑物安全的基坑(槽)的土方开挖、支护、降水工程施工方案应组织专家论证。

2. 基坑开挖后应尽量减少对基土的扰动。如遇基础不能及时施工时,可在基底标高以上预留30cm土层不挖,待做基础时再挖。

3. 基坑(槽)或管沟底部的开挖宽度和坡度,除应考虑结构尺寸要求外,应根据施工需要增加工作面宽度,如排水设施、支撑结构等所需的宽度。雨期施工时，基槽、坑底应预留 30cm 土层，在打混凝土垫层前再挖至设计标高。

4. 所采用的钢筋、水泥、集料、模块、管材等材料，必须按规定进行检测，合格后方可使用。

5. 模板、钢筋的制作安装及混凝土的施工应严格参照《混凝土结构工程施工质量验收规范》（GB 50204—2015）的相关规定执行。

6. 防水工程的施工应严格参照《地下防水工程质量验收规范》（GB 50208—2011）的相关规定执行。

7. 混凝土蓄水池防水的施工应符合现行国家标准《地下工程防水技术规范》（GB 50108—2008）的相关规定。

8. 蓄水池位于地下水位较高区域时，在设计未明确时，施工时根据当地实际情况采取相应的抗浮措施（桩基拉结、增加自重）。

2.2.3 质量验收

主控项目

1. 地基承载力符合图纸要求，基底不应受浸泡，天然地基不得扰动、超挖。

检查数量：按验槽比例检查。

检验方法：检查验基（槽）记录。

2. 蓄水量应满足设计要求，进水口拦污设施准确设置。

检查数量：全数检查。

检验方法：量测；现场观察。

3. 模板、钢筋、混凝土施工质量及功能性检测等应满足《混凝土结构工程施工质量验收规范》（GB 50204—2015）的相关规定执行。

检查数量：按进场批次和产品的抽样检验方案确定。

检验方法：检查质量证明文件和抽样复验报告。

4. 现浇混凝土所用的水泥、细集料、粗集料、外加剂等原材料的产品质量保证资料应齐全。

检查数量：按进场批次和产品的抽样检验方案确定。

检验方法：检查出厂质量合格证明、性能检验报告及复验报告。

5. 现浇混凝土蓄水池不应有影响结构性能和使用功能的尺寸偏差。

检查数量：全数检查。

检验方法：量测，检查技术处理方案。

6. 施工缝用止水带、遇水膨胀止水条或止水胶、水泥基渗透结晶防水涂料和预埋注浆管必须符合设计要求。

检查数量：按进场批次和产品的抽样检验方案确定。

检验方法：检查产品合格证、产品性能检测报告和材料进场检验报告。

一般项目

7. 混凝土垫层表面不得出现有害裂缝，蜂窝麻面面积不得超过相关规定，且应平整、洁净，边角整齐。

检查方法：观察检查。

8. 墙体水平施工缝应留设在高出底板表面不小于300mm；板与墙结合的水平施工缝，宜留在板与墙交接处以下 150～300mm；垂直施工缝应避开地下水和裂隙水较多的地段，并宜与变形缝相结合。

检查数量：按规范规定施工缝检查数量要求。

检验方法：观察检查和检查隐蔽工程验收记录。

9. 现浇混凝土水池模板安装、现浇混凝土水池的尺寸允许偏差应符合《混凝土结构工程施工质量验收规范》（GB

50204—2015)的相关规定。

检查数量：全数检查。

检验方法：尺量检查。

10. 固定在模板上的预埋件、预留孔和预留洞不得遗漏，且应安装牢固。当设计无具体要求时，其位置偏差应符合表2-1的规定。

表2-1 预埋件和预留孔洞的允许偏差

项目		允许偏差（mm）
预埋件钢板中心线位置		3
预埋管、预留孔中心线位置		3
预留洞	中心线位置	10
	尺寸	+10，0

注：检查中心线位置时，应沿纵、横两个方向量测，并取其中的较大值。

检查数量：在同一检验批内，对墙和板，应按有代表性的自然间抽查10%，且不少于3间；对大空间结构，墙可按相邻轴线间高度5m左右划分检查面，板可按纵横轴线划分检查面，抽查10%，且均不少于3面。

检验方法：尺量检查。

2.2.4 安全与环保措施

1. 遵守国家及地方关于安全生产的规定，为保证施工现场安全作业，避免发生安全事故。

2. 进入现场人员一律佩戴安全帽，不准穿拖鞋、高跟鞋，不得赤脚作业，高空作业人员佩带并系好安全带，穿防滑鞋，施工时严禁嬉戏、打闹。

3. 施工区域设置固定围护，现场要设置交通标志、安全标牌、警戒灯等安全标志，保证施工机械和施工人员的安全。

4. 所有机械的操作运转,必须严格遵守相应的安全技术操作规程。

5. 施工用电安全:

1) 现场施工用电线路一律采用绝缘导线。使用时提前认真检查确保电缆无裸露现象。地上线路架空设置,以绝缘固定。

2) 电箱应安装位置适合,安装牢固,进出线整齐,拉线牢固,熔丝不得用金属代替,箱内不得放其他物品,配电箱、电缆线接头、电焊机等必须有防雨措施,认真检查施工现场照明和动力线有无混接、漏电现象,检查电气设备的接零、接地保护措施是否牢靠,漏电保护装置是否灵敏,电线绝缘接地是否良好,防止水浸受潮造成漏电或设备事故。

6. 施工前场地平整,清除障碍物时必须将弃土、弃渣等弃至指定的弃土场内,并在工程完后对弃土场进行挡护、绿化处理。

7. 沟槽开挖必须设置临边防护或其他防止人员和物体坠落的防护措施。

8. 雨水入渗不应引起地质灾害及损害建筑物。

9. 对于径流污染严重、设施底部渗透面距离季节性最高地下水位或岩石层小于1m及距离建筑物基础小于3m(水平距离)的区域,应采取必要的措施防止次生灾害的发生。

10. 雨水渗透设施应保证其周围建(构)筑物的安全使用。埋在地下的雨水渗透设施距建筑物基础边缘应不小于5m,且不应对其他构筑物、管道基础产生影响。

11. 雨水渗透系统不应对居民生活造成不便,不应对小区卫生环境产生危害。地面入渗场地上的植物配置应与入渗系统相协调。

2.3 雨水罐

2.3.1 施工要点

1. 雨水罐又称雨水桶,一般采用塑料、玻璃钢或金属等材料制成,其品种、规格应符合设计要求,采用半成品应进行进场验收。

2. 雨水罐的安装方式分为地上安置或地下埋设,施工前,应对雨水罐平面位置及安装高程进行复核,确认无误后方可施工。

3. 雨水罐应做满水试验。

4. 进水口前期截污过滤设施应正确设置,以初步净化雨水,降低后续清理难度。

2.3.2 质量要点

1. 雨水罐应按照产品要求进行安装,采用埋地式施工时,应确保基坑安全放坡、尺寸准确,基坑承载力满足设计要求。

2. 基坑回填应分层填筑、对称施工,回填密实度应满足设计要求,回填前应进行雨水罐安装隐蔽验收。

3. 安放在地面上的应确保固定牢靠,使用方便、便于维护。

4. 雨水罐周边应按设计要求做好排水设置,雨水罐溢流管、排空管应连接至雨水管网中。

2.3.3 质量验收

主控项目

1. 雨水罐的质量应符合国家有关标准的规定。

检查数量:全数检查。

检验方法：检查产品质量合格证明书、各项性能检验报告。

2. 雨水罐的基础底座做法应符合设计要求。

检查数量：全数检查。

检查方法：检查施工隐蔽验收记录。

3. 雨水罐容积不小于设计要求，进出口截污过滤设施应正确设置。

检查数量：全数检查。

检查方法：检查产品质量合格证明书、观察。

4. 雨水罐地面周边的防护装置及安全警示标志应符合设计要求。

检查数量：全数检查。

检查方法：图纸核对。

一般项目

5. 进、出水管接口应严密，无渗漏。

检查数量：全数检查。

检查方法：蓄水观察。

6. 雨水罐的允许偏差应符合表 2-2 的规定。

表 2-2 雨水罐的允许偏差

项目		允许偏差	检验频率		检验方法
			范围	点数	
轴线偏位（mm）		8	每座	2	用经纬仪和钢尺测量，纵、横各 1 点
底高程		±10	每座	1	用水准仪量测
垂直度（mm）	$H \leqslant 5m$	5	每座	1	用垂线配合钢尺量测
	$H > 5m$	8	每座	1	

2.3.4 安全与环保措施

1. 遵守国家及地方关于安全生产的规定，为保证施工现场安全作业，避免发生安全事故。

2. 进入现场人员一律佩戴安全帽，不准穿拖鞋、高跟鞋，不得赤脚作业，高空作业人员佩带并系好安全带，穿防滑鞋，施工时严禁嬉戏、打闹。

3. 施工区域设置固定围护，现场要设置交通标志、安全标牌、警戒灯等安全标志，保证施工机械和施工人员的安全。

4. 所有机械的操作运转，必须严格遵守相应的安全技术操作规程。

5. 施工用电安全：

1) 现场施工用电线路一律采用绝缘导线。使用时提前认真检查确保电缆无裸露现象。地上线路架空设置，以绝缘固定。

2) 电箱应安装位置适合，安装牢固，进出线整齐，拉线牢固，熔丝不得用金属代替，箱内不得放其他物品，配电箱、电缆线接头、电焊机等必须有防雨措施，认真检查施工现场照明和动力线有无混接、漏电现象，检查电气设备的接零、接地保护措施是否牢靠，漏电保护装置是否灵敏，电线绝缘接地是否良好，防止水浸受潮造成漏电或设备事故。

6. 施工前场地平整，清除障碍物时必须将弃土、弃渣等弃至指定的弃土场内，并在工程完后对弃土场进行挡护、绿化处理。

7. 沟槽开挖必须设置临边防护或其他防止人员和物体坠落的防护措施。

3 调节技术

3.1 调节塘

3.1.1 施工要点

1. 施工前,应对调节塘、挡水堤岸、进水口、出水口的平面位置控制桩及高程控制桩进行复核,确认无误后方可施工。

2. 调节塘排水管的排水方向、高程应与下游市政管道或排水设施相协调。

3. 前置塘位置、尺寸、下游侧塘顶高程等应正确设置,以确保对径流雨水进行预处理。

3.1.2 质量要点

1. 调节塘所采用的水泥、集料、砌块、管材等材料,必须按规定进行检测,合格后方可使用。

2. 进水口、排水口的碎石、消能坎等消能设施,应按设计要求施工,防止水流冲刷和侵蚀塘底或沟底。

3. 前置塘与调节塘之间的溢流口应符合设计要求,防止初期水流对前置塘与调节塘之间坝体的冲刷和侵蚀。

4. 溢流井的溢流孔、井顶高程、孔径施工应符合设计要求。

5. 挡水堤岸的基础、堤身应密实、不透水,防止发生管涌现象。

6. 排水管与挡水堤之间应密实、不渗水。

7. 溢洪道的高程、断面、坡度等应符合设计要求,确保溢洪道排水能力,防止出现漫堤现象。

3.1.3 质量验收

主控项目

1. 所用的水泥、集料、砌块、管材等原材料的质量应符合国家有关标准的规定和设计要求。

检验方法:检查产品质量合格证明书、各项性能检验报告、进场复检报告。

2. 砌筑水泥砂浆强度、结构混凝土强度应符合设计要求。

检验方法:检查水泥砂浆强度、混凝土强度报告。

检查频率:每 $50m^3$ 砌体或每 $100m^3$ 混凝土或每浇筑 1 个台班一组试块。

3. 调节塘的各级纳水量不小于相应的设计纳水量。

检验方法:检查测量报告。

4. 进水口、前置塘、主塘、出口高程应符合设计规定,允许误差±20mm。

检验方法:水准仪。

5. 砌筑结构应灰浆饱满、灰缝平直,不得有通缝、瞎缝;混凝土结构无严重质量缺陷;井室无渗水、水珠现象。

检验方法:观察。

6. 进水管、出水管满足设计要求。

检验方法:观察。

一般项目

7. 管道内应平整、无杂物、油污;管道无明显渗水、水珠现象。

检验方法：观察。

8. 管道与井室洞口无渗漏水。

检验方法：逐井观察。

9. 井室抹面应密实平整，不得有空鼓、裂缝现象；混凝土无明显一般质量缺陷；井室无明显湿渍现象。

检验方法：逐个观察。

10. 井内部构造符合设计和水力工艺要求，且部位位置及尺寸正确，无杂物；流槽应平顺、圆滑、光洁。

检验方法：逐个观察。

11. 井盖、座规格符合设计要求，安装稳固。

检验方法：逐个观察。

12. 调节塘的允许偏差应符合表 3-1 的规定。

表 3-1 调节塘的允许偏差

项目		允许偏差	检验频率		检验方法
			范围	点数	
水平轴线（mm）	管道	≤15	每节管	1	用经纬仪、钢尺量
	井室		每座	2	
底高程（D≤1000）mm	管道	±10	每节管	1	用水准仪测量
	井室		每座	2	
井室尺寸长、宽或直径（mm）		±20	每座	1	用钢尺量
井口高程（mm）		+20	每座	1	用水准仪测量
踏步安装，水平及垂直间距、外露长度（mm）		±10	每座	1	用钢尺量
脚窝高、宽、深（mm）		±10	每座	1	用钢尺量
流槽宽度（mm）		+10	每座	1	用钢尺量

续表

项目	允许偏差	检验频率		检验方法
		范围	点数	
挡水堤轴线位置(mm)	50	每10m	1	用经纬仪、钢尺量
挡水堤顶高程(mm)	不低于设计要求	每10m	1	用水准仪测量
挡水堤顶宽(mm)	不低于设计要求	每10m	1	用钢尺量
挡水堤边坡(mm)	不陡于设计要求	每10m	1	用钢尺量

3.1.4 安全与环保措施

1. 遵守国家及地方关于安全生产的规定，为保证施工现场安全作业，避免发生安全事故。

2. 进入现场人员一律佩戴安全帽，不准穿拖鞋、高跟鞋，不得赤脚作业，高空作业人员佩带并系好安全带，穿防滑鞋，施工时严禁嬉戏、打闹。

3. 施工区域设置固定围护，现场要设置交通标志、安全标牌、警戒灯等安全标志，保证施工机械和施工人员的安全。

4. 所有机械的操作运转，必须严格遵守相应的安全技术操作规程。

5. 施工用电安全：

1) 现场施工用电线路一律采用绝缘导线。使用时提前认真检查确保电缆无裸露现象。地上线路架空设置，以绝缘固定。

2) 电箱应安装位置适合，安装牢固，进出线整齐，拉线牢固，熔丝不得用金属代替，箱内不得放其他物品，配电箱、电缆线接头、电焊机等必须有防雨措施，认真检查施工现场照明和动力线有无混接、漏电现象，检查电气设备的接零、接地保护措施是否牢靠，漏电保护装置是否灵敏，电线绝缘接地是否良好，防止水浸受潮造成漏电或设备事故。

6.施工前场地平整，清除障碍物时必须将弃土、弃渣等弃至指定的弃土场内，并在工程完后对弃土场进行挡护、绿化处理。

7.沟槽开挖必须设置临边防护或其他防止人员和物体坠落的防护措施。

3.2 调节池

3.2.1 施工要点

1.调节池底板位于地下水位以下时，应进行抗浮稳定验算；当不能满足要求时，须采取抗浮措施。

2.调节池排水管的排水方向、高程应与下游市政管道或排水设施相协调。

3.水泵等设施的施工及验收按照国家相关标准执行。

3.2.2 质量要点

1.调节池所采用的钢筋、水泥、集料、砌块、管材等材料，必须按规定进行检测，合格后方可使用。

2.基坑开挖时，底部200～300mm采用人工开挖，不得超挖，不得扰动基底；基坑内应做好排水措施。

3.钢筋的制作、焊接、安装及模板安装的施工应按国家标准《混凝土结构工程施工质量验收规范》（GB 50204—2015）的相关规定执行。

4.预埋管（件）应按设计要求设置，平面位置、高程准确。预埋管（件）穿墙处应做好防水措施，不应渗水。

5. 调节池池壁的施工缝设置应符合设计要求；在其强度不小于 2.5MPa 时，方可进行凿毛处理。

6. 混凝土浇筑完成后，应按施工方案及时采取有效的养护措施，浇水养护时间不少于 14d。

7. 调节池施工、验收完成后，应及时回填基坑，回填质量应符合设计要求。

8. 地下封闭式调节池覆土厚应符合设计；地上敞口式调节池应按设计要求做好防护设施。

3.2.3 质量验收

主控项目

1. 所用的钢筋、水泥、集料、砌块、管材等原材料的质量应符合国家有关标准的规定和设计要求。

检验方法：检查产品质量合格证明书、各项性能检验报告、进场复检报告。

2. 钢筋的规格、数量符合设计要求。

检验方法：观察。

3. 砌筑水泥砂浆强度、结构混凝土强度应符合设计要求。

检验方法：检查水泥砂浆强度、混凝土强度报告。

检查频率：每 $50m^3$ 砌体或每 $100m^3$ 混凝土或每浇筑 1 个台班一组试块。

4. 调节池的纳水量不小于设计纳水量。

检验方法：检查测量报告。

5. 预埋管（件）的尺寸、位置、高程的偏差，不得影响结构物的性能和水力条件。

检验方法：观察、量测。

6. 混凝土结构无严重质量缺陷；结构表面无渗水、

水珠。

检验方法：观察。

7. 砌筑应垂直稳固、位置正确；灰缝必须饱满、密实、完整，无透缝、通缝、开裂等现象；抹面时，砂浆与基层应粘结紧密牢固，不得有空鼓和裂缝等现象。

检验方法：观察。

一般项目

8. 混凝土无明显一般质量缺陷；结构表面无明显湿渍现象。

检验方法：观察。

9. 混凝土结构表面应光洁、平整。

检验方法：观察。

10. 砌筑砂浆应灰缝均匀一致，横平竖直；抹面接槎应平整，阴阳角方正顺直；勾缝应密实，线形平整、深度一致。

检验方法：观察。

11. 调节池钢筋安装的允许偏差应符合表 3-2 的规定。

表 3-2　调节池钢筋安装的允许偏差

项目		允许偏差	检验频率		检验方法
			范围	点数	
受力钢筋间距(mm)		±10	每5m	1	用钢尺量
受力钢筋排距(mm)		±5	每5m	1	用钢尺量
钢筋弯起点位置(mm)		20	每5m	1	用钢尺量
箍筋、横向筋间距(mm)	绑扎骨架	±20	每5m	1	用钢尺量
	焊接骨架	±10	每5m	1	用钢尺量
受力钢筋的保护层厚度(mm)	基础	0，+10	每5m	1	用钢尺量
	柱、梁	0，+5	每5m	1	用钢尺量
	板、墙、拱	0，+3	每5m	1	用钢尺量

12. 混凝土调节池的允许偏差应符合表 3-3 的规定。

表 3-3 混凝土调节池的允许偏差

项目		允许偏差	检验频率		检验方法
			范围	点数	
水平轴线 (mm)	池壁、柱、梁	8	每池壁、柱、梁	2	用经纬仪、钢尺量
高程 (mm)	池壁顶	±10	每 10m	1	用水准仪测量
	底板顶		每 25m^2	1	
	顶板		每 25m^2	1	
	柱、梁		每柱、梁		
平面尺寸(池体长、宽或直径) (mm)	$L \leqslant 20m$	±20	长、宽各 2；直径各 4		用钢尺量
	$20m < L \leqslant 50m$	±L/100			
	$L > 50m$	±50			
截面尺寸 (mm)	池壁	+10,5	每 10m	1	用钢尺量
	底板		每 10m	1	
	柱、梁		每柱、梁	1	
	孔、洞、槽内净空	±10	每孔、洞、槽	1	用钢尺量
表面平整度		8	每 25m^2	1	用 2m 直尺配合塞尺测量
墙面垂直度($H \leqslant 5m$)(mm)		8	每 10m	1	用垂线检查
中心线位置偏移 (mm)	预埋管、件	5	每件	1	用钢尺量
	预留洞	10	每洞	1	
	水槽	±5	每 10m	2	用经纬仪测量，纵、横轴线各 1 点
坡度(%)		0.15%	每 10m	1	用水准仪测量

13. 砌体调节池的允许偏差应符合表 3-4 的规定。

表 3-4 砌体调节池的允许偏差

项目		允许偏差	检验频率		检验方法
			范围	点数	
水平轴线 (mm)	池壁、柱、隔墙	10	每池壁、柱、隔墙	1	用经纬仪、钢尺量
高程 (mm)	池壁、隔墙、柱的顶面	±15	每 5m	1	用水准仪测量
平面尺寸 (池体长、宽或直径) (mm)	$L \leqslant 20m$	±20	每池	4	用钢尺量
	$20m < L \leqslant 50m$	$\pm L/1000$	每池	4	
表面平整度		8	每 5m	1	用 2m 直尺配合塞尺测量
墙面垂直度($H \leqslant 5m$)(mm)		8	每 5m	1	用垂线检查
中心线位置偏移(mm)	预埋管、件	5	每件	1	用钢尺量
	预留洞	10	每栋	1	

3.2.4 安全与环保措施

1. 遵守国家及地方关于安全生产的规定，为保证施工现场安全作业，避免发生安全事故。

2. 进入现场人员一律佩戴安全帽，不准穿拖鞋、高跟鞋，不得赤脚作业，高空作业人员佩带并系好安全带，穿防滑鞋，施工时严禁嬉戏、打闹。

3. 施工区域设置固定围护，现场要设置交通标志、安全标牌、警戒灯等安全标志，保证施工机械和施工人员的安全。

4. 所有机械的操作运转，必须严格遵守相应的安全技术操作规程。

5. 施工用电安全：

1）现场施工用电线路一律采用绝缘导线。使用时提前认真检查确保电缆无裸露现象。地上线路架空设置，以绝缘固定。

2）电箱应安装位置适合，安装牢固，进出线整齐，拉线牢固，熔丝不得用金属代替，箱内不得放其他物品，配电箱、电缆线接头、电焊机等必须有防雨措施，认真检查施工现场照明和动力线有无混接、漏电现象，检查电气设备的接零、接地保护措施是否牢靠，漏电保护装置是否灵敏，电线绝缘接地是否良好，防止水浸受潮造成漏电或设备事故。

6. 施工前场地平整，清除障碍物时必须将弃土、弃渣等弃至指定的弃土场内，并在工程完后对弃土场进行挡护、绿化处理。

7. 沟槽开挖必须设置临边防护或其他防止人员和物体坠落的防护措施。

4 转输技术

4.1 植草沟

植草沟指种有植被的地表沟渠,可收集、输送和排放径流雨水,并具有一定的雨水净化作用,可用于衔接其他各单项设施、城市雨水管渠系统和超标雨水径流排放系统。根据地表径流在植草沟中的传输方式,植草沟可分为3种类型:转输型植草沟、干式植草沟和湿式植草沟。转输型植草沟构造简单,广泛用于雨水径流传输和前期处理,一般适用于高速公路及公园等开放性环境;干式植草沟在转输型植草沟的基础上增加了底部排水系统,且布置了具有更好的渗透性能的填料层,强化了植草沟的渗滤和传输性能,适合城市环境的应用;湿式植草沟则长期保持湿润状态,由于有滋生蚊虫等缺陷,一般城市环境难以采用。现有技术中的城市广泛采用的干式植草沟,其断面结构为在种植土层之下分层设置透水性较强的回填层、渗透层及砾石层(图4.1)。

4.1.1 施工要点

1. 植草沟施工应在周边道路结构层、绿地种植等施工均完成后进行,按施工图设计要求进行放线,埋设控制点。

2. 植草沟沟渠应按设计形式施工,坡度顺畅,线形流畅,表面平整、密实,景观效果美观。转输型植草沟内植被高度宜控制在100~200mm。

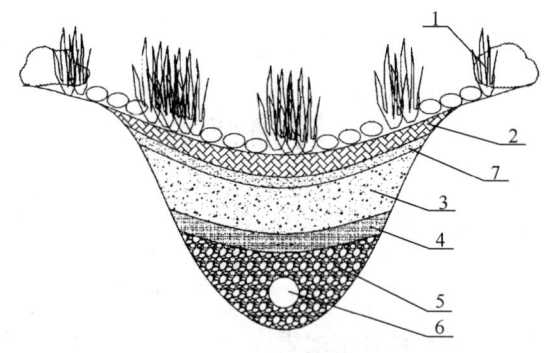

图 4.1 干式植草沟

注：一种典型的干式植草沟截面图，包括依次层叠设置的植被层 1、种植土层 2、回填层 3、渗透层 4、砾石层 5、穿孔管 6，所述穿孔管 6 沿干式植草沟轴向设置于砾石层 5 的中部或下部，其特征还包括设置于种植土层 2 和回填层 3 之间的膨润土层 7。

3．植草沟断面形式应按照设计要求设置成倒抛物线形、三角形、梯形。植草沟边坡坡度不宜大于（垂直：水平）1∶3，纵坡不应大于 4%，纵坡较大时宜按照设计要求在中途设置消能台坎。

4.1.2 质量要点

1．植草沟沟底不得超挖，不得虚土贴皮、贴坡。兼顾入渗的植草沟沟槽应避免重型机械碾压造成的基层土壤渗透性能降低，已压实的土壤可对基层不小于 300mm 厚范围内土壤进行翻土作业，尽量恢复其渗透性能。

2．断面成型施工按照设计确定草沟坡度，断面形状应严格按设计要求施工，场地应平整，不含大块碎石等；边坡可轻度压实保证其稳定；沿纵坡方向各断面应保持一致，断面及线形应美观。

3．植草沟的进、出水口应与周边排水设施平顺衔接。

设计未明确时当进、出水中坡度较大时应设置卵石或跌水消能缓冲措施。

4. 铺设台坎时块石级配良好、干净；不能使用浆砌，应直接铺设；其顶面高度应严格按照设计要求。

5. 可添加种植土以利于种植物生长，种植土应铺设平整，不得破坏坡度及断面形状。设计未明确时植草沟种植土厚度宜为200～300mm，砾石孔隙率应为35%～45%，有效粒径不小于80%。

6. 植草沟内的植物种类及种植密度应符合设计要求，边坡坡面种植时，应采取防治水土流失的措施。

4.1.3 质量验收

1. 植草沟过水断面形式及尺寸应不小于设计要求，进水口拦污设施准确设置。

检验方法：量测。

2. 植草沟植被成活率、植被高度应不小于设计要求。

检验方法：观察、量测。

3. 植草沟应直顺，沟底平整、无反坡，沟内无杂物，边坡坡度及纵坡符合设计要求，滤水层厚度应满足设计或规范要求。

检验方法：水准仪测量、观察。

4. 植草沟最大流速应小于0.8m/s。

检验方法：明渠流量计实测。

5. 植草沟的允许偏差应符合表4-1的规定。

表4-1 植草沟的允许偏差

项目	允许偏差	检验频率		检验方法
		范围	点数	
轴线(mm)	≤50	每200m	5	用经纬仪、钢尺量

续表

项目	允许偏差	检验频率		检验方法
		范围	点数	
海底高程(mm)	+0，-30	每200m	4	用水准仪测量
断面尺寸(mm)	不低于设计要求	每200m	2	用钢尺量
边坡坡度	不陡于设计要求	每200m	2	用钢尺量

4.1.4 安全与环保措施

1. 机械作业应符合《建筑机械使用安全技术规程》（JGJ 33—2012）及《施工现场临时用电安全技术规范（附条文说明)》（JGJ 46—2005）的有关规定，施工中应定期对其进行检查、维修，保证机械使用安全。

2. 施工前场地平整，清除障碍物时必须将弃土、弃渣等弃至指定的弃土场内，并在工程完后对弃土场进行挡护、绿化处理。

3. 做好施工区域排水系统，使红线外原有排水系统保持通畅，严禁施工区域内泥浆、水泥浆、机械油污等未经处理排入附近生活区、商业区等区域而污染水源。

4. 严格执行项目部下发的有关规定，遵守环保公约、地方法规、法律及各种规范要求。

4.2 渗管/渠

4.2.1 施工要点

1. 渗管/渠应按设计要求设置植草沟、沉淀（砂）池等预处理设施。

2. 沟槽开挖、支护方式应根据施工地质条件、施工方法、周围环境等要求进行技术经济比较，确保施工安全和环境保护。

3. 渗管/渠的敷设坡度应满足排水的要求。

4. 渗管/渠施工完成并检验合格后，应及时按设计要求回填沟渠。

5. 所用的水泥、集料、管材、砾（碎）石、透水土工布等原材料的质量应符合国家有关标准的规定和设计要求，应进场报验合格。

4.2.2 质量要点

1. 管材应符合下列规定：

1）管材的规格、性能及尺寸偏差应符合国家相关产品的规定。管材的外观应直顺、无残缺、无裂缝，管端光洁平齐且与管节轴线垂直；

2）有裂缝、缺口、露筋的集水管不得使用，进水孔眼数量和总面积的允许偏差应为设计值的±5%。

2. 滤料的选用应符合下列规定：

1）滤料的粒径、不均匀系数及性质符合设计要求；

2）不得使用风化的岩石质滤料；

3）细滤料应质地坚硬清洁，级配良好，含泥量应不大于3%；粗滤料不得采用风化集料，粒径应符合设计要求，含泥量应不大于1%；滤料运抵现场后，应按不同规格堆放在干净的场地上，并防止杂物混入；滤料堆放处，应标明滤料的规格和铺设的部位。

3. 沟槽底部不得超挖，靠近沟槽底部20cm采用人工开挖。开挖完成后槽底不得扰动。

4. 开孔渗管的开孔形式、开孔率、开孔径、透水水泥混凝土渗透管渠的孔隙率和渗管在滤料中的埋设位置应符合设计要求。

5. 渗管/渠的接头应可靠，滤料不得渗漏至接头及管渠中。

6. 渗管/渠的砾（碎）石滤料回填应紧密，断面尺寸符合设计要求。

7. 透水土工布应全断面包裹滤料及渗管，且不得出现破损现象，搭接宽度应不小于200mm。

8. 渗管的覆土深度、浅沟渗渠组合的构造做法应符合设计要求。

9. 渗渠四周应按设计要求填充砾石或其他多孔材料，外包透水土工布应严密结实。沟槽回填应符合下列规定：

1）反滤层以上的回填土应符合设计要求；当设计无要求时，宜选用不含有害物质、不易堵塞反滤层的砂类土。

2）槽底以上原土为层状分布，如采用原状土回填宜按原土层顺序回填。

3）回填土时，宜对称于集水管中心线分层回填，并不得破坏反滤层和损伤集水管。

4）冬季回填土时，反滤层以上0.5m范围内，不得回填冻土。

5）回填土应按设计要求夯填。

4.2.3 质量验收

主控项目

1. 所用水泥、集料、管材、砾（碎）石、透水土工布等原材料的质量应符合国家有关标准的规定和设计要求。

检验方法：检查产品质量合格证明书、各项性能检验报告、进场复检报告。

2. 透水水泥混凝土的强度应符合设计要求。

检验方法：检查透水水泥混凝土强度报告。

检查频率：每100m^3混凝土或每浇筑1台班1组试块。

3. 渗管的结构性能及开孔率应符合设计要求。

检验方法：每批1组，3根为1组。

4. 透水水泥混凝土的渗透系数应符合设计要求。

检验方法：检查透水水泥混凝土渗透试块实验报告。

5. 渗渠的坡度应满足排水要求。

检验方法：水准仪、拉线和尺量检查。

6. 无砂混凝土渗渠的孔隙率应满足设计要求。

检验方法：检查实验报告。

7. 浅沟沟底表面的土壤渗透系数不小于设计要求。

检验方法：灌水观察检查、秒表时间量测。

8. 渗渠中的砂层渗透系数不小于设计要求。

检验方法：灌水观察检查、秒表时间量测。

一般项目

9. 渗管、滤料（材）组成的渗透体应平顺、饱满。

检验方法：观察。

10. 渗渠表面应平整、密实，无反坡，渠内无杂物。

检验方法：观察。

11. 渗渠的坐标、位置、渠底标高的允许偏差应符合表4-2的规定。

表4-2 管、渠的坐标、位置、渠底标高的允许偏差

项目	允许偏差	检验频率		检验方法
		范围	点数	
管、渠曲线（mm）	≤15	每节管或10m	1	用经纬仪测量
管、渠底高程（mm）	±10	每节管或10m	1	用经纬仪测量

续表

项目	允许偏差	检验频率 范围	检验频率 点数	检验方法
渠断面尺寸(mm)	不低于设计要求	每10m	1	用钢尺量
盖板断面尺寸(mm)	不低于设计要求	每10m	1	用钢尺量
墙高(mm)	±10	每10m	1	用钢尺量
渠底中线每测宽度(mm)	±10	每10m	2	用钢尺量
墙面垂直度(mm)	10	每10m	2	吊线、钢尺量
墙面平整度(mm)	10	每10m	2	用2m靠尺量
墙厚(mm)	+10，0	每10m	2	用钢尺量

12. 土工布搭接宽度不应少于200mm。

检验方法：钢尺量测。

4.2.4 安全与环保措施

1. 沟槽边坡或支护方式的施工应符合设计和施工方案要求。沟槽顶堆土距离槽边缘不小于1m，堆土高度不大于设计堆置高度且不大于1.5m。

2. 管/渠吊装作业应符合《建筑施工起重吊装工程安全技术规范》(JGJ 276—2012)的要求。

3. 机械作业应符合《建筑机械使用安全技术规程》(JGJ 33—2012)及《施工现场临时用电安全技术规范(附条文说明)》(JGJ 46—2005)的有关规定，施工中应定期对其进行检查、维修，保证机械使用安全。

4. 施工前场地平整，清除障碍物时必须将弃土、弃渣等弃至指定的弃土场内，并在工程完后对弃土场进行挡护、绿化处理。

5. 做好施工区域排水系统，使红线外原有排水系统保持通畅，严禁施工区域内泥浆、水泥浆、机械油污等未经处理排入附近生活区、商业区等区域而污染水源。

6. 严格执行项目部下发的有关规定，遵守环保公约、地方法规、法律及各种规范要求。

5 截污净化技术

5.1 植被缓冲带

5.1.1 施工要点

1. 植被缓冲带为坡度较缓的植被区,经植被拦截及土壤下渗作用减缓地表径流流速,并去除径流中的部分污染物,植被缓冲带坡度一般为2‰~6‰,宽度不宜小于2m。植被缓冲带典型构造如图5.1所示。

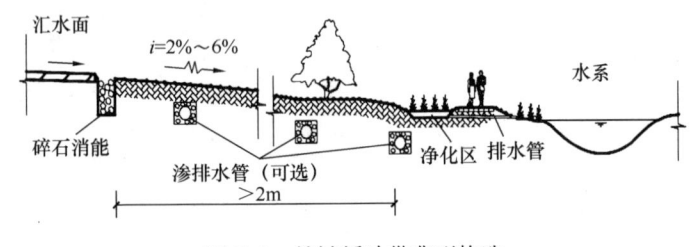

图 5.1 植被缓冲带典型构造

2. 植被缓冲带断面形式、土质、植被材料应符合设计要求。

3. 消能沟槽、渗排水管、净化区、进出水口等应严格按设计布置施工,排水管与周边排水设施平顺衔接。

4. 植被布置严格按设计要求进行施工,并应符合《园林绿化工程施工及验收规范》(CJJ 82—2012)的规定。

5.1.2 质量要点

1. 植被缓冲带适用于居民区、公园、商业区或厂区、湖滨带,也可用于道路两侧等不透水面周边,可作为生物滞留设施等低影响开发设施的预处理设施,还可作为城市水系的滨水绿化带,但坡度较大时(大于6%)其雨水净化效果较差。

2. 应根据设计和地形控制边坡坡度和宽度,线形应流畅,景观效果美观。

3. 碎石(卵石)消能设施的规格、材料质量、铺设范围应符合设计要求。

4. 底部渗排施工应符合设计要求。

5. 植物种植应按设计图纸施工。

5.1.3 验收要点

1. 植被缓冲带构造形式应满足设计要求,进水口拦污设施准确设置。

2. 植被缓冲带的植被布置、成活率应符合设计要求。

3. 植被缓冲带的坡顶、坡脚应分别与汇水面、排水系统顺接。

4. 植被缓冲带的允许偏差应符合表5-1的要求。

表5-1 植被缓冲带的允许偏差

项目	允许偏差	检验频率		检验方法
		范围	点数	
宽度(mm)	不小于设计宽度	20m	1	用钢尺量
横坡(%)	±0.3%且不反坡	20m	1	用水准仪量测

5.1.4 安全与环保措施

1. 应及时补种修剪植物、清除杂草。

2. 进水口不能有效收集汇水面径流雨水时，应加大进水口规模或进行局部下凹等。

3. 进水口因冲刷造成水土流失时，应设置碎石缓冲或采取其他防冲刷措施。

4. 沟内沉积物淤积导致过水不畅时，应及时清理垃圾与沉积物。

5. 边坡出现坍塌时，应及时进行加固处理。

6. 由于坡度较大导致沟内水流流速超过设计流速时，应增设挡水堰或抬高挡水堰高程。

5.2 初期雨水弃流设施

5.2.1 施工要点

初期雨水弃流设施是利用降雨厚度、雨水径流厚度控制初期径流排放量的构筑物或装置，有自控弃流装置、渗透弃流装置、弃流井等。其主要功能是径流控制，通过一定方法或装置控制存在初期冲刷效应、污染物浓度较高的降雨初期径流，并将其排向适宜的处理设施，一方面有效控制径流污染，另一方面便于后期径流雨水的综合利用。

1. 雨水弃流装置的位置及构造应符合设计要求。

2. 雨水弃流排入污水管道时，应按设计要求设置控制污水倒灌设施。

3. 初期径流弃流池的雨水进水口应按设计要求设置格栅，格栅的设置应便于清理，不得影响雨水进水口通水能力。

4. 流量控制式雨水弃流装置的流量计应安装在管径最小的管道上。

5. 自动控制弃流装置的电动阀、计量装置宜设在室外，控制箱宜集中设置，并宜设在室内。自动控制弃流装置应具有自动切换雨水弃流管道和收集管道的功能，并具有控制和调节弃流间隔时间的功能。

6. 初期雨水弃流装置的设置应便于清洗和运行管理，并宜采用自动控制方式。

5.2.2 质量要点

1. 初期雨水弃流设施包括土方工程、进水管、出水管、弃流管、井室砌筑这几大分项工程。各分项工程应按各自的工程特点进行质量控制，各分项工程完成后应进行自检、交接检验，并形成文件，经监理工程师检查签认后，方可进行下道分项工程施工。

2. 初期径流弃流量应满足设计要求，以降低雨水后续处理难度。当无资料时，屋面弃流可采用 2～3mm，地面弃流可采用 3～5mm。进水口拦污设施应正确设置，以确保雨水径流按设计要求弃流，降低后续清理的工作量。

5.2.3 验收要点

1. 成品初期雨水弃流设施施工质量检验应结合产品的原理组织专家论证验收。

2. 砌筑式初期雨水弃流设施施工质量检验应符合下列规定：

1）土方工程质量检验应符合地基承载力、压实度、高度及坡度的要求。

2）进水管、弃流孔、排水管的安装质量检验应符合管道相关规范要求，不得有影响结构安全、使用功能及接口连接的质量缺陷，内外壁光滑、平整，无气泡、无裂纹、无脱皮和严重的冷斑及明显的痕纹、凹陷。

3）砌体工程质量检验应符合《给水排水构筑物工程施工及验收规范》(GB 50141—2008) 中"6.2 现浇钢筋混凝土结构"或"6.5 砌体结构"的有关规定。

4）底坡坡度应满足设计要求，当设计未明确时，应不小于10%。

5）砌筑式初期雨水弃流设施的水位监测设施应满足设计要求。

6）雨量控制式雨水弃流装置的雨量计保护设施应安全可靠并满足设计要求。

5.2.4 安全与环保措施

1. 进水口、出水口堵塞或淤积导致过水不畅时，应及时清理垃圾与沉积物。

2. 沉积物淤积导致弃流容积不足时应及时进行清淤等。

5.3 人工土壤渗滤

5.3.1 施工要点

1. 施工前，应将基坑内的积水排除、疏干、整平。换土基坑底部不得超挖，靠近基坑底部 200mm 采用人工开挖。开挖完成后，不得扰动基坑底。

2. 渗滤体由石英砂、少量矿石或活性炭及营养物质等材料组成，不得含有草根、树叶、塑料袋等有机杂物及垃圾，矿石泥砂量不得超过 3%，材料配合比应符合设计要求。采用生物填料的原料、材料比重、有效堆积生物膜表面面积、堆积密度应符合设计要求。

3. 施工前，应将基槽上的积水排除、疏干，将树根坑、井穴、坟坑等进行技术处理，并整平。

4. 换土沟槽底部不得超挖，靠近沟槽底部20cm采用人工开挖。开挖完成后不得扰动槽底。

5. 换土沟槽边坡支护方式应符合设计要求，沟槽顶堆土距沟槽边缘应不小于0.8m，堆土高度应不大于设计堆置高度且不大于1.5m。

6. 防渗膜铺贴应贴紧基坑底和基坑壁，适度张紧，不应有褶皱。

7. 防渗膜与溢流井应连接良好，密闭，连接处不渗水。

8. 防渗膜接缝应采用焊接或专用胶粘剂黏合，不应有渗透现象。施工中应保护好防渗膜，如有破损，应及时修补。

9. 渗滤体铺装填料时，应均匀轻撒填料，严禁由高向低把承托料倾倒至下一层承托料之上。

10. 渗滤体应分层填筑，碾压密实，碾压时应保护好渗管、排水管及防渗膜等不被破坏。

5.3.2 质量要点

人工土壤渗滤设施一般由蓄水层、渗滤体、复合土工膜、溢流井、渗管、排水管等构成。人工土壤渗滤材料应符合下列规定：

1）由石英砂、少量矿石和活性炭及营养物质等材料组成的渗滤体，不得含有草根、树叶、塑料袋等杂物，矿石泥砂量不得超过3%，材料配合比应符合设计要求。

2）采用生物填料的原料、材料比重、有效堆积生物膜表面面积、堆积密度应符合设计要求。

5.3.3 验收要点

1. 所用的防渗膜等原材料的质量应符合国家有关标准的规定和设计要求。

2. 渗滤体土壤的渗透面积、厚度、压实度应符合设计要求。

3. 当处理后的雨水用于回用时，土壤的渗透系数不宜小于 10^{-5}m/s；当处理后的雨水用于回灌地下水时，土壤的渗透系数不宜小于 10^{-6}m/s。

检查数量：每 1000m² 测 1 点。

检查方法：测土壤的渗透系数。

4. 垂直渗滤时，土壤厚度不宜小于 1.2m；水平渗滤时，沿水流方向的土壤长度不宜小于 15m。

检查数量：每 1000m² 测 1 点。

检查方法：尺量检查。

5.3.4 安全与环保措施

1. 应及时补种修剪植物、清除杂草。

2. 土壤渗滤能力不足时，应及时更换配水层。

3. 配水管出现堵塞时，应及时疏通或更换等。

参考文献

[1] 中华人民共和国住房和城乡建设部. 城镇道路工程施工与质量验收规范：CJJ 1—2008[S]. 北京：中国建筑工业出版社，2008.

[2] 中华人民共和国国家质量监督检验检疫总局. 透水路面砖和透水路面板：GB/T 25993—2010[S]. 北京：中国标准出版社，2011.

[3] 中华人民共和国国家质量监督检验检疫总局. 通用硅酸盐水泥：GB 175—2007[S]. 北京：中国标准出版社，2007.

[4] 中华人民共和国住房和城乡建设部. 混凝土用水标准（附条文说明）：JGJ 63—2006[S]. 北京：中国建筑工业出版社，2006.

[5] 中华人民共和国住房和城乡建设部. 城市道路工程设计规范（2016年版）：CJJ 37—2012[S]. 北京：中国建筑工业出版社，2012.

[6] 中华人民共和国国家质量监督检验检疫总局. 无机地面材料耐磨性能试验方法：GB/T 12988—2009[S]. 北京：中国标准出版社，2009.

[7] 中华人民共和国住房和城乡建设部. 普通混凝土长期性能和耐久性能试验方法标准：GB/T 50082—2009[S]. 北京：中国建筑工业出版社，2009.

[8] 中华人民共和国住房和城乡建设部. 普通混凝土配合比设计规程：JGJ 55—2011[S]. 北京：中国建筑工业出版社，2011.